Cahier d'apprentissage
Savoirs et activités

B

Rafale

Français
2e cycle du primaire • 2e année

Geneviève Brassard
Joëlle Caron
Julie Lamontagne
Sara Marchessault

CHENELIÈRE
ÉDUCATION

Rafale
Français, 2e cycle du primaire, 2e année

Cahier d'apprentissage B

Geneviève Brassard, Joëlle Caron, Julie Lamontagne,
Sara Marchessault

© 2014 TC Média Livres Inc.

Édition : Pascale Couture
Coordination : Caroline Brosseau
Révision linguistique : Sylvie Massariol
Correction d'épreuves : Danielle Maire
Conception graphique : Pige Communication
   et Josée Brunelle
Infographie : Pige Communication
Conception de la couverture : Pige Communication
   et Josée Brunelle
Impression : Imprimeries Transcontinental

CHENELIÈRE
ÉDUCATION

5800, rue Saint-Denis, bureau 900
Montréal (Québec) H2S 3L5 Canada
Téléphone : 514 273-1066
Télécopieur : 514 276-0324 ou 1 800 814-0324
info@cheneliere.ca

ISBN 978-2-7650-4791-9

Dépôt légal : 2e trimestre 2014
Bibliothèque et Archives nationales du Québec
Bibliothèque et Archives Canada

Imprimé au Canada

1 2 3 4 5 ITIB 18 17 16 15 14

Nous reconnaissons l'aide financière du gouvernement du Canada par l'entremise du Fonds du livre du Canada (FLC) pour nos activités d'édition.

Remerciements

Pour leur collaboration à titre de consultants pédagogiques, l'Éditeur tient à remercier les enseignants suivants : Christine Beaulieu (C.S. de la Capitale), Dulce Correia (C.S. de Montréal), Amélie Jasmin (C.S. Marguerite-Bourgeoys) et François Loiselle (C.S. de Montréal).

L'Éditeur tient également à remercier tout spécialement Caroline Loyer (C.S. des Samares).

Sources iconographiques

Page couverture : Shutterstock (lettres, feuilles, fond et plumes colorées), Marion Arbona (poisson), Geneviève Després (renard Rafi, dinosaure et manchot), Sandrine Mercier (étoiles de mer).

Corbis : p. 81 (photographie d'une paroi de la grotte de Lascaux : Jean-Daniel Sudres/Hemis).

Getty Images : p. 80 (photographie reconstitution de Lucy : Agostini).

iStock : p. 25 (manchots sur la glace), p. 27 (manchot qui nourrit son petit), p. 31 (matériel alpinisme), p. 124 (pieuvre), p. 125 (tortue luth)

Shutterstock : p. 7 (capteur de rêves), p. 8 (rose des vents), p. 9 (chaîne de l'Himalaya), p. 10 (camp de base Everest), p. 12 (yack), p. 14 (corde d'alpinisme), p. 15 (mouffette), p. 23 (enfants), p. 25 (famille de manchots), p. 26 (parade amoureuse et paysage), p. 27 (gardien manchot et petits), p. 29 (manchots empereurs), p. 30 (manchot, échelle et main qui pointe), p. 34 (aliments variés), p. 35 (bouteille et verre d'eau), p. 38 (plumes colorées), p. 39 (cœur de légumes), p. 40 (vache), p. 41 (panier d'œufs), p. 42 (verre de lait), p. 44 (animaux ferme), p. 45 (étable et champ), p. 46 (trois moutons), p. 47 (jeune fille et pomme), p. 51 (fourchette pâtes), p. 52 (bol de fruits), p. 54 (plat traditionnel africain), p. 55 (bol de borsch et sushis), p. 58 (fromage et pâte), p. 59 (tomate), p. 60 (dessert en coupe), p. 61 (miche pain de blé), p. 64 et 65 (dinosaures), p. 68 (tyrannosaure), p. 70 (velociraptor), p. 78 (statue chat égyptien), p. 82 (ruines Pompéi), p. 84 (musée du Louvre), p. 85 (vase Grèce ancienne), p. 86 (désert du Sahara), p. 91 (soldat de terre cuite), p. 92 (traces de mains en couleur), p. 94 (grand-père divan et chien), p. 95 (panda), p. 96 (hiéroglyphes), p. 100 (poisson lion-fish), p. 102 (chocolat chaud), p. 103 (pélican), p. 107 (baleine), p. 110 (poissons et coraux), p. 116 (poissons tropicaux), p. 117 (hameçon), p. 123 (bernard-l'ermite et poisson-pierre), p. 124 (poisson-scie et poisson porc-épic), p. 125 (dauphins), p. 127 (plantes et animaux marins).

Illustrations

Geneviève Després : toutes les illustrations de la mascotte Rafi

Marion Arbona : p. 17 (garçon dans la grotte), p. 18 (garçon et ours), p. 21 (garçon), p. 98 (poissons).

Louise Catherine Bergeron : p. III (pointe tarte), p. 33 (illustration ouverture).

Annie Boulanger : p. III (fille et sac à dos), p. 1 (illustration d'ouverture), p. 71 (garçons à vélo), p. 72 (balançoire et corne), p. 73 (garçons et soulèvement terre), p. 74 (crâne dinosaure et têtes garçons), p. 119 (pieuvre), p. 120 (caisses fracassées), p. 121 (pieuvre et requin).

François Escalmel : p. 48 (schéma système digestif).

Quentin Gréban : p. IV (fille archéologue), p. 63 (illustration d'ouverture).

Gabrielle Grimard : p. 3 (écureuil et Manitou), p. 105 (plongeur et épave).

Sandrine Mercier : p. V (baleine), p. 97 (illustration d'ouverture).

Jean-Luc Trudel : p. 79 (jeune fille et os de dinosaure), p. 89 (enfants et grand-père qui prennent le thé), p. 90 (empereur et soldat de terre cuite).

Dessins des calligrammes des p. 111 et 112 : Caroline Merola

Thème 7 ▸ **Il était une fois un monde...**

Thème 8 · Eau! Quel trésor!

Préparation à l'épreuve de lecture

Préparation à l'épreuve d'écriture

Aide-mémoire

La collection *Rafale* permet de travailler toutes les notions en lecture, en grammaire et en écriture, prévues dans la *Progression des apprentissages*. Elle permet aussi de se familiariser avec les stratégies en lecture et en écriture. La collection compte deux cahiers par année, divisés en quatre thèmes chacun.

🐾 Je lis

Chaque cahier propose seize textes variés.

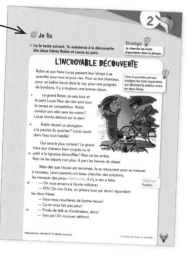

🐾 Je fais de la grammaire

- Des encadrés présentent l'essentiel des notions en grammaire de la phrase et en conjugaison.

- Des exercices variés et gradués accompagnent chaque notion.

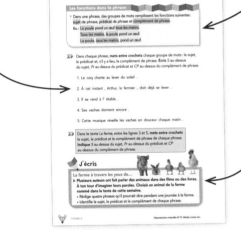

🐾 J'écris

- De courtes situations d'écriture permettent de mettre en application les notions de grammaire vues dans le thème.

- Une situation d'écriture complète est proposée à tous les deux thèmes.

🐾 J'orthographie

Des mots tirés de la liste orthographique du MELS sont proposés pour chaque semaine de l'année scolaire. Des activités permettent aux élèves de travailler la majorité d'entre eux.

🐾 Je révise

Ces activités permettent de faire un retour sur les principales notions de grammaire vues dans le thème.

Préparation aux épreuves de lecture et d'écriture

À la fin du cahier, une section spéciale propose une préparation à ces épreuves de français de fin de cycle.

Au-delà des limites

Lis le titre. Observe l'illustration.

● D'après toi, que veut dire le titre ?

● Quel lien peux-tu faire entre l'illustration et le titre ?

Piste pour randonneurs expérimentés

À l'affût dans le thème

Comment se nomment les hommes qui guident les explorateurs sur le mont Everest ?

Dans ce thème, tu liras une légende, deux textes informatifs et un récit :

○ *Le premier des tamias rayés* adapté par Pascale Desbois ;

○ *Au sommet du monde* ;

○ *Le pic du Diable* de Lili Chartrand ;

○ *Des amours impériales* d'Evelyne Daigle et Daniel Grenier.

Tu te familiariseras avec trois stratégies de lecture. Tu imagineras une courte légende sur la mouffette. Tu rédigeras aussi la situation finale d'une petite histoire.

Je lis

Lis le texte suivant. Tu découvriras une légende qui raconte l'origine du tamia rayé.

Le premier des tamias rayés

Il y a très longtemps, quand le monde était encore jeune, les humains ont commencé à chasser les animaux avec des arcs et des flèches. Les animaux avaient très peur des humains. Mais un jour, un petit écureuil roux est devenu l'ami d'un garçon.

5 C'était pendant un hiver très froid et très venteux. Le pauvre écureuil avait mangé toutes ses provisions de graines et de noix. Il fouillait partout, mais il ne trouvait plus rien à manger. Il avait très faim. Quand le garçon l'a vu, il lui a lancé une noix.

9 Comment l'écureuil et le garçon sont-ils devenus amis?

À partir de ce jour-là, le garçon et l'écureuil sont devenus 10 les meilleurs amis du monde. Ils se voyaient tous les jours. Le printemps a suivi, puis l'été.

Wigwam
Habitation amérindienne.

Un matin, le garçon n'est pas sorti de son wigwam. Il était malade. L'écureuil était bien triste. En plus, toute la famille du garçon était malade et tous les gens du village aussi.

15 L'écureuil a donc rassemblé les animaux de la forêt. Tout le monde y était : le porc-épic, le renard, le castor, la belette et la mouffette. Même l'ours, ce grand grognon, s'était déplacé.

L'écureuil leur a dit :

— Les humains sont malades. Il faut les aider.

20 Les animaux ont crié et protesté. À travers leurs voix, on entendait le grognement furieux de l'ours :

— Comment oses-tu demander de l'aide pour ces chasseurs?

L'écureuil n'eut pas le temps de répondre. L'ours l'avait pris dans ses énormes pattes et avait serré très fort. L'écureuil mordit
25 la grosse patte. Surpris, l'ours lâcha prise. L'écureuil se sauva, mais l'ours avait quand même réussi à enfoncer ses griffes dans le dos de l'écureuil.

L'écureuil courut, courut. Ses blessures lui faisaient tellement mal au dos. Il croyait qu'il allait mourir. Soudain, il entendit la voix du Manitou, le Grand Esprit de la forêt du Nord :

30 — Tu as été fidèle en amitié. Maintenant, tu vas dire aux humains comment se soigner. Va leur expliquer comment préparer ce remède : faire bouillir ensemble de la gomme de sapin, d'épinette et de pruche avec des morceaux d'écorce d'orme. Quand ils boiront ce breuvage, ils seront guéris. Pour ce qui est de tes blessures, elles vont se cicatriser. Mais elles laisseront
35 cinq traces noires sur ton dos. Ces rayures seront des symboles de courage pour ceux de ta race. Tes enfants et leurs enfants les porteront sur leur dos. Tu n'es plus un écureuil, maintenant. Tu es un tamia.

9
Pourquoi l'ours est-il surpris ?

Les humains ont écouté les conseils de l'écureuil et ils ont pris le remède. Et ils n'ont plus été malades. C'est depuis ce jour-là que, lorsqu'ils se
40 promènent dans la forêt, les garçons et les filles n'oublient jamais d'apporter quelques noix que les tamias rayés se font une joie de venir chercher au creux de leurs mains.

Contes traditionnels du Canada, adaptés par Pascale Desbois, Montréal, Les Éditions Planète rebelle, 2003, p. 39 et 40.

Les parties d'un récit

Parties d'un récit	
Situation de départ	• On présente les personnages (**qui?**). Souvent, on mentionne le lieu (**où?**) et le moment (**quand?**).
Élément déclencheur	• On présente ensuite un **souci**, un **problème** ou une **difficulté** qui déclenche les actions des personnages.
Péripéties	• On raconte les **actions** des personnages pour régler le problème ou surmonter la difficulté.
Situation finale	• On apprend si le problème est réglé ou non. • On raconte ce que vivent les personnages une fois que les actions sont terminées.

1 **Réponds** aux questions dans le tableau.

Situation initiale	1. Qui est le personnage principal? _____ _____ 2. Quand se déroule l'histoire? _____ _____
Élément déclencheur	3. Quel est son problème? _____ _____ _____
Péripéties	4. Écris trois actions qui permettent de régler le problème. _____ _____ _____
Situation finale	5. Le problème se règle-t-il? ☐ oui ☐ non Que se passe-t-il? _____ _____

2 Selon les indices donnés dans le texte, pendant combien de temps se déroule cette histoire ? **Entoure** la bonne réponse.

plusieurs journées

plusieurs mois

plusieurs semaines

plusieurs années

3 **Indique** si chaque énoncé est vrai ou faux.

1. Les animaux acceptent d'offrir leur aide, à l'exception de l'ours.

2. Les animaux perçoivent les humains comme des chasseurs.

3. L'écureuil échappe aux griffes de l'ours avec l'aide du Manitou.

4. Les tamias ont peur de venir manger dans les mains des humains.

4 **Explique** dans tes mots pourquoi les cinq rayures sur le dos du tamia sont des symboles de courage.

_____

_____

5 D'après toi, pourquoi les filles et les garçons apportent-ils des noix aux tamias rayés quand ils se promènent en forêt ?

_____

_____

6 a) Qu'est-ce que tu as préféré dans cette histoire ?

△ L'amitié entre le tamia et le jeune garçon.

△ Le courage du tamia.

△ L'aide du Grand Esprit de la forêt du Nord.

△ Une autre raison : _____

b) **Explique** ton choix.

_____

_____

🐾 Je fais de la grammaire

L'accord du verbe avec le pronom-sujet (pron.-S)

- Dans une phrase, le pronom de conjugaison est souvent le sujet du verbe conjugué. Il donne sa personne et son nombre au **verbe**.

	Personne	Nombre		Personne	Nombre
je	1re		nous	1re	
tu	2^e	singulier	vous	2^e	pluriel
il/elle/on	3^e		ils/elles	3^e	

1re p. s.　　　　　　　　1re p. pl.

Ex.: Je **nourris** les tamias.　Nous **aimons** ces animaux.
pron.-S　　　　　　　　pron.-S

1 Entre les lignes 30 et 37 du texte *Le premier des tamias rayés*, **surligne** les huit pronoms-sujets.

2 a) **Surligne** le pronom-sujet dans les phrases suivantes.

   b) **Indique** au-dessus sa personne et son nombre.

1. Je visite un ancien village amérindien.

2. Avec notre guide, nous pénétrons dans un wigwam.

3. Vous admirez cette habitation du peuple algonquien.

4. Autrefois, elle pouvait abriter de dix à vingt personnes.

5. Prudemment, tu touches au toit fait d'écorce de bouleau.

6. Ils couvraient le sol de branches de sapin ou d'épinette.

3 a) **Surligne** les pronoms-sujets dans les phrases suivantes.

b) **Note** au-dessus la personne et le nombre.

c) **Conjugue** les verbes entre parenthèses au présent de l'indicatif.

1. J' (adorer) _____ les légendes amérindiennes.

2. Elles (présenter) _____ des phénomènes naturels.

3. Chaque fois, nous (apprécier) _____ ces aventures merveilleuses.

4. Le soir venu, vous (raconter) _____ ces histoires.

5. Tu (changer) _____ parfois certains éléments du récit.

6. Malgré cela, il (demeurer) _____ fascinant à écouter.

4 a) **Surligne** les pronoms-sujets dans le texte suivant.

b) **Note** au-dessus la personne et le nombre.

c) **Conjugue** les verbes entre parenthèses au présent de l'indicatif.

J' (aimer) _____ les histoires de chasse. Quelquefois,

elles (raconter) _____ les exploits des valeureux archers.

Dans ces récits, ils (utiliser) _____ des arcs et des

flèches. Vous (réussir) _____ à chasser avec cette ancienne

technique. Quel exploit! Elle (dater) _____ de plus de vingt

mille ans. Il (exister) _____ différents types d'arc.

Nous (choisir) _____ les modèles les plus récents.

J'orthographie

▶ **Place** les mots de la semaine dans la grille. **Sers-toi** des phrases ci-dessous.

- accord
- catastrophe
- chef
- escalier
- est
- force
- fort
- foule
- nord
- or
- ouest
- phoque
- port
- quartier
- sort
- sud

1. Il sert à monter ou à descendre.
2. Il y fait plus froid.
3. Partie d'une ville.
4. Qui sert à protéger un lieu.
5. Où le soleil se couche.
6. Il dirige l'orchestre.
7. Un mot qui veut dire *puissance*.
8. Il y fait plus chaud.
9. Plusieurs personnes réunies.
10. Un mot qui veut dire *entente*.
11. Animal qui vit dans les eaux froides.
12. Où le soleil se lève.
13. Les bateaux y accostent.
14. Un mot qui veut dire *ensorcellement*.
15. Il sert dans la confection de bijoux.
16. Un mot qui veut dire *tragédie*.

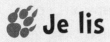

Je lis

▶ Lis le texte suivant. Tu découvriras le défi que représente l'ascension du mont Everest.

Stratégie ⑧

Je trouve les mots de relation qui font des liens entre les phrases.

AU SOMMET DU MONDE

Imagine la montagne la plus haute du monde ! C'est le cas du mont Everest, qui s'élève à 8 848 mètres au-dessus du niveau de la mer. Il est situé en Asie, dans la chaîne de l'Himalaya, à la frontière du Népal et du Tibet. Le rêve de l'escalader nourrit l'imagination de bien des personnes qui veulent se dépasser !

Les préparatifs : du rêve à la réalité

5   L'ascension de l'Everest est un défi extrême. L'alpiniste qui décide de l'entreprendre devra affronter toutes sortes d'obstacles. C'est pourquoi une telle aventure se prépare des mois d'avance.

Une année avant de partir, l'alpiniste doit suivre un entraînement physique sérieux, puisqu'une telle ascension est exigeante pour l'organisme.
10   Cet entraînement l'aidera, entre autres, à faire face au mal des montagnes, car à 8 000 mètres d'altitude, l'air contient trois fois moins d'oxygène que l'air que nous respirons habituellement. Pour que le corps puisse s'adapter progressivement à cette situation, le cœur va battre plus vite et la respiration va s'accélérer. L'alpiniste doit avoir une très bonne endurance pour survivre
15   dans ces conditions !

Un froid polaire

Le climat au sommet de l'Everest est un autre obstacle majeur. En été, les accumulations de neige sont importantes. De janvier à mars, la température peut chuter à −60 °C. C'est pourquoi il est possible d'escalader l'Everest seulement deux mois par année : en avril et en mai. Et même en cette période,
20   une tempête ou une avalanche peut s'abattre en tout temps sur les grimpeurs. Des vêtements chauds, adaptés à un tel climat, sont essentiels à leur survie.

Savoir faire demi-tour

Le dépassement de soi ne signifie pas l'atteinte d'un objectif trop risqué
à tout prix. Une tempête peut survenir soudainement lors de l'ascension. Il est
25 également possible que le corps ne puisse pas s'adapter au manque d'oxygène
dans l'air. Il importe alors de bien connaître ses limites et de savoir faire demi-
tour pour éviter la chute ou même la mort.

L'escalade du mont Everest, étape par étape

Par le versant népalais, les équipes marchent jusqu'au camp de base,
situé à 5 400 mètres de hauteur. Là, ils trouveront l'ensemble du matériel
30 que les sherpas, ces guides des montagnes, ont acheminé
à l'aide des yacks.

Yack
Grand mammifère,
de la même famille
que le bœuf.

Le camp de base du mont Everest ▲

C'est à partir du camp
de base que l'escalade
de la montagne commence.
35 Les alpinistes traversent d'abord la « cascade
de glace » avant d'atteindre le camp 1. Puis,
pour atteindre le camp 2, ils franchissent
une vallée de glace trouée d'énormes
crevasses. Pour ce faire, ils fabriquent
40 des « ponts » en attachant bout à bout des
échelles en aluminium. Après, ils escaladent
une montagne voisine de l'Everest, véritable
mur de glace et de rochers, afin de rejoindre le
camp 3. C'est ensuite la montée au camp 4 à environ
45 8 000 mètres et finalement l'escalade jusqu'au sommet,
à 8 848 mètres.

8 Entre les lignes 35 et 45,
souligne les six marqueurs
de relation qui ordonnent
les idées.

Une quinzaine de minutes de gloire

Les grimpeurs passent en général moins d'une demi-heure sur le « toit
du monde », et ce, pour plusieurs raisons. Ils doivent tenir compte de leurs
réserves d'oxygène, faire attention aux conditions météorologiques qui se
50 détériorent souvent dans l'après-midi et redescendre au camp 4 avant la nuit.
Mais ils savourent ces minutes intensément, heureux d'avoir atteint leur
objectif ! Quelle récompense, après tant de travail et de sacrifices !

1 **Observe** les composantes de ce texte.

a) Quel est le titre? _____

b) Quel est le sujet de ce texte? _____

2 Où se situe le mont Everest? _____

_____

3 Pour quelles raisons l'escalade de l'Everest n'est-elle possible qu'en avril
et en mai?

_____

4 **Écris** deux raisons qui peuvent conduire un alpiniste à abandonner l'ascension
de l'Everest.

_____

_____

5 **Place** ces étapes dans l'ordre chronologique. **Inscris** les numéros de 1 à 4.

 Franchir une vallée de glace trouée d'énormes crevasses.

Traverser la « cascade de glace ».

Escalader jusqu'au sommet, à 8 848 mètres d'altitude.

Escalader un mur de glace et de rochers.

6 Pourquoi les grimpeurs passent-ils moins d'une demi-heure au sommet
de l'Everest? **Entoure** la ou les bonnes réponses.

1. Parce que leur réserve d'oxygène est limitée.

2. Parce que le climat peut se détériorer.

3. Parce qu'ils doivent être redescendus au camp de base avant la nuit.

7 D'après toi, pourquoi l'atteinte du sommet du mont Everest représente-t-elle
une grande récompense pour un alpiniste?

_____

_____

🐾 Je fais de la grammaire

L'accord du verbe avec le groupe du nom-sujet (GN-S)

- Le **groupe du nom** peut remplir la fonction de sujet. Le noyau du groupe du nom-sujet donne sa personne et son nombre au **verbe**.

- Le **nom** est toujours de la 3e personne du singulier ou du pluriel.

  3e p. s.　　　　　　　　3e p. pl.

  Ex.: Mia escalade ce mont. Ses amis observent son exploit.

1 a) **Surligne** les groupes du nom-sujets.

　b) **Fais** un point au-dessus du noyau. **Note** sa personne et son nombre.

　　1. Les explorateurs engagent des sherpas.

　　2. Dans les montagnes, un sherpa agit comme un guide.

　　3. Les yacks aident les sherpas.

　　4. Ces animaux robustes transportent les provisions jusqu'au camp de base.

　　5. Ensuite, les hommes portent seuls les provisions.

2 a) **Souligne** les verbes conjugués dans les phrases suivantes.

　b) **Surligne** le sujet dans chaque phrase. **Écris** au-dessus s'il s'agit d'un pronom-sujet (pron.-S) ou d'un groupe du nom-sujet (GN-S).

　　1. Les avalanches peuvent survenir en tout temps.

　　2. Parfois, elles provoquent de graves accidents.

　　3. La neige dévale la pente à plus de trois cents kilomètres à l'heure.

　　4. Elle emporte tout sur son passage.

3 a) **Souligne** les six verbes conjugués dans le texte suivant.

b) **Surligne** les six sujets. **Écris** au-dessus s'il s'agit d'un pronom-sujet (pron.-S) ou d'un groupe du nom-sujet (GN-S).

Sur le mont Everest, les alpinistes affrontent des vents glaciaux.

Les bourrasques rendent l'ascension difficile. Elles obstruent la vue

des grimpeurs. Parfois, une rafale soulève un alpiniste dans les airs.

Ces vents atteignent plus de quatre cents kilomètres à l'heure.

Ils provoquent la formation des nuages au-dessus de l'Everest.

4 a) **Souligne** les huit verbes conjugués dans le texte suivant.

b) **Surligne** les sujets (pron.-S ou GN-S).

c) **Fais** un point au-dessus du noyau des groupes du nom-sujets ou des pronoms-sujets. **Note** la personne et le nombre.

En 1921, un explorateur anglais tente d'atteindre le sommet du

mont Everest. En route, il ressent un malaise. Il doit abandonner.

Cette première expédition ouvre la porte à d'autres explorateurs.

Par la suite, plusieurs alpinistes essaient à leur tour de gravir l'Everest.

La route est difficile. Le sommet semble inaccessible.

Deux hommes atteignent enfin le sommet en 1953,

un alpiniste anglais (George Mallory) et un sherpa

népalais (Tensing Norgay).

 **Je conjugue**

	Finir	Agir	Gravir
1re p. s.	je finiss**ais**	j' agiss**ais**	je graviss**ais**
2e p. s.	tu finiss**ais**	tu agiss**ais**	tu graviss**ais**
3e p. s.	il/elle/on finiss**ait**	il/elle/on agiss**ait**	il/elle/on graviss**ait**
1re p. pl.	nous finiss**ions**	nous agiss**ions**	nous graviss**ions**
2e p. pl.	vous finiss**iez**	vous agiss**iez**	vous graviss**iez**
3e p. pl.	ils/elles finiss**aient**	ils/elles agiss**aient**	ils/elles graviss**aient**

Les terminaisons des verbes en *-ir* à l'imparfait de l'indicatif

1 a) **Conjugue** les verbes à l'imparfait de l'indicatif.

b) **Entoure** les terminaisons.

1. frémir :   je _____   vous _____

2. divertir :   il _____   elles _____

3. subir :   je _____   tu _____

4. adoucir :   on _____   vous _____

5. affaiblir :   j' _____   on _____

6. ensevelir : nous _____   ils _____

7. surgir :   elle _____   nous _____

2 **Souligne** les cinq verbes à l'imparfait de l'indicatif.

Ma cousine accomplissait des expéditions en montagne. Elle franchissait

les plus hauts sommets. Mon frère et moi, nous applaudissions ses réalisations.

Après des mois de préparation, elle est partie à la conquête du Kilimandjaro.

Grâce à ses grands efforts, elle réussissait la semaine dernière à atteindre

le sommet. Hier, je réfléchissais à cette expédition. Ma cousine a vraiment

accompli tout un exploit !

🐾 J'orthographie

a) **Remplis** le tableau suivant. **Utilise** chaque mot de la semaine une seule fois.

b) **Entoure** la lettre muette quand il y en a une.

- cas
- croix
- endroit
- entrée
- envie
- esprit
- état
- éviter
- hésiter
- pensée
- profiter
- roue
- secours
- sortie
- statue
- tas
- tout
- visiter

Nom féminin qui ne change pas au pluriel :	Verbe en -er qui cache le verbe *viser* :	Verbe en -er qui commence par *h* :
Noms féminins qui se terminent par *ée* :	Nom féminin qui cache le nom *vie* :	Autres verbes en -er :
Noms masculins qui se terminent par *s* :	Noms masculins qui se terminent par *t* :	Noms féminins qui se terminent par *e* :

◆ J'écris

Une mouffette légendaire

▶ **Selon une légende ancienne, la mouffette était entièrement noire autrefois. Un jour, un événement extraordinaire est arrivé. Depuis, la mouffette a une double rayure blanche sur son dos.**

- Dans un court texte, explique cet événement extraordinaire qui a changé l'apparence de la mouffette.
- Dans chaque phrase, entoure les pronoms-sujets et les groupes du nom-sujets.

3

▶ **Lis le texte suivant. Tu verras comment Philémon saura faire preuve de courage et de détermination.**

Stratégie ⑧
Je trouve les mots de relation qui font des liens entre les phrases.

Le Pic du Diable

Philémon n'a pas vraiment d'amis, il est trop bizarre. Il croit dur comme fer aux légendes. Il trimballe toujours avec lui sa « trousse de légendes », au cas où il devrait affronter l'abominable homme des neiges ou apprivoiser une licorne...

Cet après-midi, Philémon est très attentif. Son enseignante parle d'une
5 vieille légende qui circulait dans le village. Celle du papayaki, un fruit qui donnerait des pouvoirs ! Tout le monde rigole. Sauf Philémon.

— Le papayaki pousserait dans une grotte du pic du Diable. Plusieurs personnes ont risqué leur vie pour le trouver. Voici à quoi il ressemble, dit l'enseignante en montrant un drôle de dessin.

10 — Oh ! fait Philémon. On dirait une poire mauve avec des épines...

— C'est toi, la poire ! lance Gaston le fanfaron.

La classe éclate de rire.

À la fin des cours, Philémon retourne seul vers sa maison.
Arrivé chez lui, il dépose son sac d'école sur la balançoire. Une lueur
15 déterminée brille dans son regard. « J'en ai assez de passer pour l'hurluberlu de la classe ! » pense-t-il.

D'un pas décidé, Philémon marche vers le pic du Diable. Au pied de la montagne escarpée, il hésite. Avec ces ronces, ces arbres aux branches griffues et ces rochers pointus, l'escalade ne sera pas
20 de la tarte !

Philémon chasse vite cette idée. Ce n'est pas le moment de reculer. Il s'engage sur le sentier abrupt. Le soleil plombe et les ronces lui éraflent la peau. Philémon arrive enfin au sommet, en sueur. Il prend sa gourde dans sa « trousse de légendes » et boit
25 une longue rasade d'eau.

Fanfaron
Vantard.

Hurluberlu
Personne étrange.

Ronce
Plante épineuse.

Griffues
Qui griffent, égratignent.

Rasade
Gorgée.

Puis il grimpe sur un rocher, des jumelles vissées aux yeux, pour chercher la fameuse grotte. De la vigne vierge, qui pend tel un rideau, attire son attention.

— Tiens, tiens, murmure-t-il. Si elle cachait
30 une ouverture?

Tout excité, Philémon saute du rocher. Il atterrit sur une racine et se foule la cheville.

— Aïe! s'exclame-t-il.

35 Il se relève en s'appuyant sur une grosse branche.

Bzzzz…

— Oh non!

Il a mis la main sur un nid d'abeilles!

40 Malgré sa cheville douloureuse, Philémon court vers une mare boueuse. Plouf! Il en émerge en toussotant. Il empeste l'eau croupie, mais il s'en moque: les abeilles ont fiché le camp!

Croupie
Sale.

En boitant, Philémon se dirige vers la vigne vierge, qu'il écarte à deux mains. Bingo! Tout d'abord, le garçon
45 sort sa lampe de poche. Puis, il s'enfonce dans le trou noir. Il promène ensuite le faisceau de sa lampe dans la grotte. Tout au fond, il aperçoit un arbuste touffu. Il s'approche.

8

Entre les lignes 43 et 46, souligne les marqueurs de relation qui ordonnent les idées.

— J'ai trouvé le papayaki! s'écrie-t-il en reconnaissant le fruit épineux.

50 Il enfile un gant, le cueille et le dépose dans sa trousse.

Au même moment, un grognement retentit. Philémon se retourne. Un ours énorme lui barre le chemin. Il a l'air furieux! Pris au piège, Philémon réfléchit à toute vitesse. Il retire de sa trousse de la super-colle et la verse sur le sol. L'ours s'approche… et reste collé! Philémon le contourne et prend ses
55 jambes à son cou.

Sa descente est infernale, car sa cheville lui fait très mal. Il arrive enfin au pied de la montagne quand des cris s'élèvent.

— Hé! C'est bien toi, Philémon?

« Ça alors, c'est Gaston et sa bande!» se dit Philémon, tout étonné
60 de les voir là.

— Ta mère était inquiète et elle a appelé la mienne, explique Gaston. J'ai
pensé que tu serais ici. Pouah! Tu empestes! Mais… tu boites? Ne me dis pas
que tu as escaladé le pic du Diable?

La lueur d'admiration que Philémon voit dans le regard de Gaston le ravit.

65   — Si! répond-il. Et j'ai trouvé le papayaki
dans une grotte, gardé par un ours terrible!
ajoute-t-il en sortant le fruit de sa trousse.
La légende disait vrai!

La bande est bouche bée. Philémon tend
70 le fruit devant lui.

— Qui veut avoir des pouvoirs?
demande-t-il, un grand sourire aux lèvres.

Gaston découvre un garçon généreux et…
formidable! Mais il garde ça pour lui. Soudain, le chef
75 de la bande devient blanc comme un drap. Philémon
fait volte-face. Debout sur ses pattes arrière, l'ours
pousse des grondements terrifiants.

Volte-face
Revirement soudain.

— Rends… rends-lui le papayaki, bégaye Gaston.

— Hein? Pas question! J'ai travaillé trop fort pour le trouver! proteste
80 Philémon. Si je le rends, on va continuer à penser que je suis un hurluberlu!

— Plus maintenant. On te croit, nous! Grouille-toi de lui donner
le papayaki, sinon on finira tous en sushis!

Philémon lance le fruit à l'ours, qui l'attrape d'une patte. Puis, l'animal
menaçant retourne dans la montagne. Philémon se sent alors soulevé dans
85 les airs. Gaston et un autre garçon le portent sur leurs épaules.

— Vive Philémon, le plus brave des garçons!

Philémon est aux anges. Il a maintenant une bande d'amis, et ça, ce n'est
pas une légende!

Lili Chartrand

1 **Nomme** deux caractéristiques qui décrivent Philémon.

_____

2 Quel problème Philémon vit-il en classe ? _____

_____

3 Quelle première action fait-il pour régler son problème ?

_____

4 **Place** dans l'ordre chronologique les difficultés auxquelles Philémon fait face
lors de son expédition. **Inscris** les numéros de 1 à 4.

◯ Des abeilles.

◯ Un sentier escarpé.

◯ Une foulure à la cheville.

◯ Des plantes épineuses.

5 D'après toi, pourquoi Philémon enfile-t-il un gant pour cueillir le papayaki ?

_____

6 **Écris** deux moments de l'histoire où la « trousse de légendes » de Philémon
lui est très utile.

_____

_____

7 D'après toi, pourquoi Gaston devine-t-il que Philémon s'est rendu au pic
du Diable ? **Explique** ta réponse à l'aide d'éléments du texte.

_____

_____

8 Aimerais-tu prendre la place de Philémon dans cette histoire ? **Explique**
ta réponse. **Sers-toi** d'éléments du texte ou de ton expérience personnelle.

_____

_____

🐾 Je fais de la grammaire

La vérification de l'accord d'un verbe

Étapes	Exemples
1. **Surligne** le pron.-S ou le GN-S.	Les licornes dorme. Tu rêve aussi.
2. **Dessine** un point au-dessus du pron.-S ou du noyau du GN-S.	Les licornes dorme. Tu rêve aussi.
3. **Note** la personne (1re, 2e ou 3e) et le nombre (s. ou pl.) au-dessus du point.	3e p. pl. 2e p. s. Les licornes dorme. Tu rêve aussi.
4. **Trace** une flèche allant du pron.-S ou du noyau du GN-S vers la terminaison du verbe.	3e p. pl. 2e p. s. Les licornes dorme. Tu rêve aussi.
5. **Vérifie** si le verbe a reçu la terminaison correspondant à la personne et au nombre du pron.-S ou du noyau du GN-S. Apporte les corrections nécessaires.	3e p. pl. nt 2e p. s. s Les licornes dorme. Tu rêve aussi.

1

a) À la ligne 1 du texte *Le pic du Diable*, **surligne** les trois sujets.

b) **Indique** au-dessus s'il s'agit d'un groupe du nom-sujet (GN-S) ou d'un pronom-sujet (pron.-S).

c) **Écris** la personne et le nombre de ces trois sujets. _____

2 a) **Surligne** le sujet (GN-S ou pron.-S) dans les phrases suivantes.

b) **Vérifie** les accords des verbes. **Laisse des traces** de ta démarche comme dans le tableau de la page 20.

1. Philémon écoute la légende du papayaki.

2. Il franchit le pic du Diable.

3. J'applaudis sa détermination.

4. Vous admirez sa générosité.

5. Les élèves découvrent un garçon incroyable.

3 a) **Surligne** le sujet dans les phrases suivantes.

b) **Conjugue** les verbes entre parenthèses au présent de l'indicatif. **Laisse des traces** de ta démarche.

1. Cet ours (représenter) _____ un grand danger.

2. Chaque fois, vous (hésiter) _____ avant de pénétrer dans cette forêt.

3. Souvent, cet animal (rugir) _____ très fort pour faire fuir les intrus.

4. Nous (réussir) _____ quand même à approcher cette bête.

5. Grâce à votre courage, les recherches (progresser) _____.

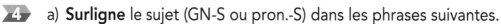

4 a) **Surligne** le sujet (GN-S ou pron.-S) dans les phrases suivantes.

b) **Conjugue** les verbes entre parenthèses à l'imparfait de l'indicatif.
Laisse des traces de ta démarche.

1. Un gigantesque dragon (habiter) _____ dans la montagne.

2. Tu (frémir) _____ de peur devant à ce reptile écailleux.

3. Ses ailes (ressembler) _____ à celles des chauves-souris.

4. Il (gronder) _____ furieusement en s'envolant.

5. D'énormes griffes (pousser) _____ au bout de ses pattes.

6. Nous (chérir) _____ ce dragon qui protégeait les enfants.

5 a) **Surligne** les sujets dans le texte suivant.

b) **Conjugue** les verbes entre parenthèses à l'imparfait de l'indicatif.
Laisse des traces de ta démarche.

Une légende (raconter) _____ l'histoire étonnante d'une petite

fille. À l'âge de neuf ans, elle (chevaucher) _____ une superbe

licorne. Parfois, les deux amies (surgir) _____ dans le ciel.

Elles s'(amuser) _____ à voler au-dessus de la place du marché.

Chaque fois, les habitants (saluer) _____ la petite cavalière.

La fillette (réussir) _____ toujours à les épater.

🐾 J'orthographie

1 ▸ Les verbes suivants sont conjugués au présent et à l'imparfait de l'indicatif.
Écris le verbe à l'infinitif. Tu trouveras les mots de la semaine.

_____ il adorait	_____ je jurais	_____ elles rentraient
_____ on améliorait	_____ tu laves	_____ tu répètes
_____ ils déclaraient	_____ ils patinent	_____ vous reposez
_____ je déteste	_____ vous pleurez	_____ nous respirions
_____ elles étudiaient	_____ elle prie	_____ on sautait
_____ nous expliquons	_____ tu ramènes	_____ nous soupirions

2 ▸ **Complète** les expressions suivantes à l'aide des mots de la semaine.
Utilise ton dictionnaire pour t'aider.

1. _____ son linge sale en famille.

2. Se _____ sur ses lauriers.

3. _____ à chaudes larmes.

4. _____ de joie.

5. _____ dans les rangs.

 Je conjugue

Avoir, être et *aller* à l'imparfait de l'indicatif

	Avoir	Être	Aller
1ʳᵉ p. s.	j' avais	j' étais	j' allais
2ᵉ p. s.	tu avais	tu étais	tu allais
3ᵉ p. s.	il/elle/on avait	il/elle/on était	il/elle/on allait
1ʳᵉ p. pl.	nous avions	nous étions	nous allions
2ᵉ p. pl.	vous aviez	vous étiez	vous alliez
3ᵉ p. pl.	ils/elles avaient	ils/elles étaient	ils/elles allaient

1 **Conjugue** les verbes à la personne demandée à l'imparfait de l'indicatif.

1. aller, 3ᵉ p. s. : _____

2. être, 2ᵉ p. pl. : _____

3. aller, 2ᵉ p. s. : _____

4. être, 1ʳᵉ p. s. : _____

5. avoir, 3ᵉ p. s. : _____

6. avoir, 3ᵉ p. pl. : _____

7. être, 3ᵉ p. s. : _____

8. aller, 1ʳᵉ p. pl. : _____

9. avoir, 2ᵉ p. s. : _____

10. avoir, 2ᵉ p. pl. : _____

2 **Conjugue** les verbes entre parenthèses à l'imparfait de l'indicatif.

1. (avoir, 1ʳᵉ p. s.) _____ un défi immense à relever.

2. (avoir, 1ʳᵉ p. pl.) _____ confiance en toi.

3. (être, 3ᵉ p. pl.) _____ là pour m'écouter.

4. (aller, 2ᵉ p. pl.) _____ demeurer à mes côtés.

5. (aller, 1ʳᵉ p. s.) _____ abandonner.

6. (être, 1ʳᵉ p. pl.) _____ certains de la réussite du projet.

7. (être, 2ᵉ p. s.) _____ très fier.

Futé

- Trouve la réponse à l'énigme suivante parmi les verbes conjugués de cette page :

  Nous volons dans les airs. _____

Je lis

▶ Lis le texte suivant. Tu assisteras à la naissance
d'un bébé manchot.

Stratégie ⑤
J'utilise
un dictionnaire.

Des amours impériales

Le Manchot empereur a un cycle de reproduction beaucoup plus long
que celui des petites espèces de manchots. Pourquoi? Parce qu'il est le plus
grand et le plus lourd des manchots. Plus de sept mois s'écoulent entre
la conception de l'œuf et l'autonomie du petit. Comme
5 l'été antarctique ne dure que trois mois, le Manchot
empereur ne peut finir l'élevage de son poussin avant
la saison froide. Les parents doivent donc entreprendre la
nidification plus tôt que les autres espèces. [...] Ils doivent
donc affronter l'hiver le plus rude de la planète. Ils sont les
10 seuls manchots à élever leur petit directement sur la glace!

Fin mars

C'est le début de l'automne. La plupart des espèces
animales quittent l'Antarctique pour migrer vers le nord.
Seuls les Manchots empereurs demeurent sous ces latitudes
glaciales. Ils quittent la mer et se regroupent sur la banquise.
15 Ils avancent les uns derrière les autres, formant de longues
processions. Ils se dandinent sur leurs pattes robustes ou
glissent sur le ventre à une vitesse moyenne de 1,5 km/h.
Marcheurs infatigables, ils progressent lentement pour
regagner, chaque année, les mêmes sites de reproduction. Les colonies
20 s'installent à une centaine de kilomètres
de la mer, de préférence au fond d'une
baie, gelée en permanence. Elles sont
ainsi à l'abri des tempêtes. [...]

Latitudes
Régions considérées
sous l'angle du climat.

Banquise
Amas de glaces qui
flottent sur la mer.

⑤
Cherche le mot *procession* dans ton
dictionnaire. Écris sa définition:

_____

Après avoir marché pendant
25 un mois, les manchots cherchent leur
partenaire des années précédentes,
sinon un nouveau partenaire. C'est
le temps des parades amoureuses.
Ils se dressent, tendent leur cou
30 et hochent la tête. Ils vont chanter
pendant des heures, voire des jours.

[…]

Mi-mai

Quelques semaines après la période d'accouplement, la femelle pond un seul
œuf, de 450 g, qu'elle remet au mâle. C'est un moment crucial pour la survie
35 de leur précieuse descendance. Puis, elle refait le parcours jusqu'à la mer pour
aller s'alimenter. Elle n'a rien mangé depuis 50 jours et a perdu environ 10 kg.
Produire un œuf aussi gros lui a demandé beaucoup d'énergie.

Le Manchot empereur ne construit pas de nid. Le mâle
pose l'œuf sur ses pattes et le recouvre de sa plaque

Incubatrice
Qui permet le
développement
de l'embryon
dans l'œuf.

40 incubatrice, cette partie du ventre dépourvue de plumes. Il le
couve pendant 65 jours, sans se nourrir. N'ayant pas de territoire
à défendre, les mâles se regroupent en « tortue », comme le
faisaient les soldats romains. Pour se protéger du froid, ils se
collent les uns aux autres, le dos au vent. Ils font des rotations

Périphérie
Autour.

45 afin que les individus en périphérie ne soient pas toujours
exposés aux vents et au froid. Au sein de la « tortue », le vent
est pratiquement nul. Pendant l'hiver antarctique, les conditions
climatiques deviennent extrêmement difficiles. Les températures
moyennes atteignent −40 °C et les vents soufflent à 180 km/h.
50 Les mâles passent la majorité de leur temps à dormir pour
économiser leur énergie.

Fin juillet

L'œuf éclôt sur les pattes du mâle. Au même moment, la femelle revient à la colonie, si elle n'a pas été la proie d'un Phoque léopard. Elle est
55 plus grasse et a le ventre plein pour nourrir son jeune manchot de poissons prédigérés. Le mâle transfère le poussin à la femelle et regagne la mer pour se ravitailler et reprendre du poids à son tour. En quatre mois de jeûne, son poids
60 est passé de 40 à 25 kg. Le Manchot empereur peut conserver des poissons dans son estomac jusqu'à trois semaines sans qu'ils soient digérés!

Septembre

À 40 jours, le duvet gris cendré du jeune manchot s'épaissit et il peut se joindre à la crèche. Ses parents peuvent alors s'absenter ensemble
65 pour aller pêcher. À cette période, le petit est vulnérable au froid et aux oiseaux prédateurs.

Crèche
Garderie.

Décembre

Le poussin est âgé de cinq mois et sa mue est complétée. Il est prêt à quitter la colonie. Il va pêcher par
70 lui-même et prendre rapidement du poids, car la nourriture abonde en ce début d'été. [...]

⑤ Cherche le mot *mue* dans ton dictionnaire. Écris sa définition:

_____

_____

Evelyne Daigle et Daniel Grenier, *Les saisons des manchots*, avec la collaboration du Biodôme de Montréal et de Ketos © Les 400 coups, 2006, p. 28 et 29.

🐾 Je fais de la grammaire

L'adjectif qui suit le verbe *être*

- **L'adjectif** peut se placer après le **verbe** *être*. Il peut décrire un **nom** ou un **pronom**.

  Ex.: **La** mère **est protectrice**.　　　**Elle** est **aimante**.

- **L'adjectif** qui suit le **verbe** *être* s'accorde en genre et en nombre avec le pronom-sujet ou le noyau du groupe du nom-sujet.

  　　　m. pl.　　　　　　　　m. pl.　m. pl.　　　　　m. pl.

  Ex.: **Les manchots** sont **résistants**.　　**Ils** sont **vaillants**.

1 a) **Souligne** le verbe *être* dans les phrases suivantes.

   b) **Surligne** les sujets. **Fais** un point au dessus du pronom-sujet ou du noyau du groupe du nom-sujet. **Indique** au-dessus le genre et le nombre.

   c) **Entoure** l'adjectif.

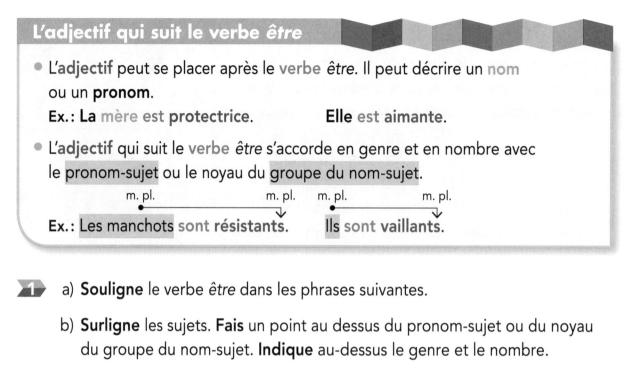

1. Les manchots empereurs sont rassemblés sur la banquise.

2. Ils sont inquiets, car des prédateurs rôdent.

3. Les oiseaux sont déterminés à protéger leurs bébés.

4. Ils sont attentifs à leur moindre geste.

5. Cette spécialiste est présente sur la banquise.

6. Tu es content de pouvoir l'accompagner.

7. Je suis fière de l'aider dans ses recherches.

8. Ensemble, nous sommes convaincus de réussir notre travail.

2 a) **Récris** l'adjectif entre parenthèses.

b) **Laisse des traces** de ta démarche comme dans l'exemple.

                f. s.   f. s.

Ex. : La femelle est **affamée**. Elle est **épuisée**.

1. Il est (méticuleux) _____ .

2. Les parents sont (préoccupé) _____ .

3. Les difficultés sont (nombreux) _____ .

4. Ils sont (vulnérable) _____ .

5. Les proies sont (alléchant) _____ .

3 **Complète** les phrases suivantes à l'aide des adjectifs de la liste.

- fatiguées
- long
- rassemblés
- froid
- prêtes
- vigilants

Sur la banquise, le vent est _____ . Les manchots

sont _____ . Les femelles ont pondu leurs œufs. Elles sont

_____ à repartir vers la mer. Le voyage est _____

et elles sont _____ . Les mâles seront _____

et s'occuperont seuls de l'œuf.

🐾 J'orthographie

1 **Classe** ces mots. Tu dois écrire deux fois l'un de ces mots.

- le leur
- la leur
- les leurs
- le mien

- la mienne
- les miens
- les miennes
- le sien

- la sienne
- les siens
- les siennes
- le tien

- la tienne
- les tiens
- les tiennes
- le tien

Masculin singulier	Féminin singulier	Masculin pluriel	Féminin pluriel
_____	_____	_____	_____
_____	_____	_____	_____
_____	_____	_____	_____
_____	_____	_____	_____

2 **Place** les mots suivants au bon endroit.

- à droite
- à gauche

- en arrière
- en avant

- en bas
- en haut

- là-bas
- où

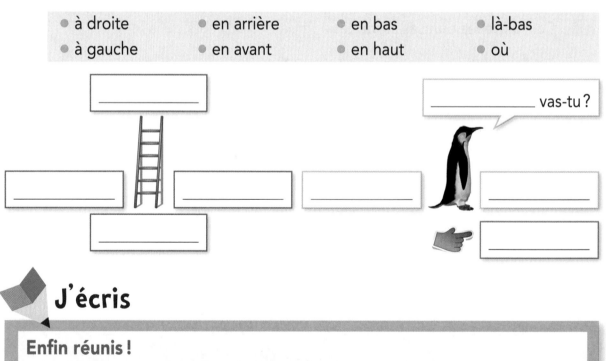

_____

_____ _____

_____

_____ vas-tu?

_____

_____

◆ J'écris

Enfin réunis !

▶ **Cachemire est enfin de retour. Elle a affronté plusieurs dangers pour revenir auprès de son bébé manchot.**

- Ajoute quelques phrases à cette histoire.
- Tu dois présenter la situation finale.
- L'une des phrases doit contenir le verbe *être* suivi d'un adjectif.

1 a) **Surligne** le sujet (GN-S ou pron.-S) dans les phrases suivantes.

b) **Conjugue** les verbes entre parenthèses à l'imparfait de l'indicatif.
Laisse des traces de ta démarche.

1. Ce peuple amérindien (préparer) _____ différents
remèdes pour se soigner.

2. Ils (guérir) _____ les brûlures avec du gras animal.

3. Pour soulager la toux, cette tribu (utiliser) _____
les aiguilles du mélèze.

4. Certains remèdes (avoir) _____ des effets préventifs.

5. En lisant ces légendes, vous (être) _____ curieux
de faire ces découvertes.

2 a) **Surligne** les sujets dans le texte suivant.

b) **Conjugue** les verbes entre parenthèses au présent de l'indicatif.
Laisse des traces de ta démarche.

Ces alpinistes (gravir) _____ le mont McKinley en Alaska.

Ils (franchir) _____ plus de six mille mètres en altitude.

Ce mont (être) _____ le plus haut en Amérique du Nord.

Tu (aller) _____ aux États-Unis pour

accueillir les alpinistes à leur retour.

Une finale pas à pas

Trouve la phrase mystère cachée dans cette page. Fais d'abord chaque activité. Réponds ensuite à la devinette qui l'accompagne. Sa réponse se trouve dans l'activité. Tes réponses te permettront de trouver la phrase finale.

1 a) **Souligne** les verbes à l'imparfait de l'indicatif.

1. tu étais
2. nous avons
3. elles vont
4. nous accomplissions
5. vous chantez
6. ils réussissaient

Qui suis-je? Je suis un verbe à l'imparfait,

à la 1re personne du pluriel : _____

2 a) **Écris** l'adjectif entre parenthèses. **Accorde**-le.

1. Ils sont (étonnant) _____ .

2. Les rafales sont (fort) _____ .

3. Elles sont (attentif) _____ .

Qui suis-je? Je suis un adjectif au masculin pluriel : _____

3 **Écris** le sujet (pron.-S ou GN-S) au bon endroit.

des exploits • cette bête • tu

1. _____ étudiais les manchots.

2. _____ sont réalisés.

3. _____ supporte des températures extrêmes.

Qui suis-je? Je suis un GN-S à la 3e personne du pluriel : _____

4 **Utilise** les réponses des *Qui suis-je?* pour compléter la phrase mystère.

Nous _____ _____ _____ .

Sur le bout de la langue

Thème 6

Lis le titre. Observe l'illustration.

- Quels mots ou aliments reconnais-tu dans cette illustration?
- D'après toi, de quoi sera-t-il question dans ce thème?

À l'affût dans le thème

Dans quel pays la pomme de terre entre-t-elle dans la composition de plusieurs plats traditionnels?

Dans ce thème, tu liras un texte explicatif et trois textes informatifs:
- *Qu'est-ce que la nourriture?* de Laura Buller;
- *La ferme* d'Annabelle Tas;
- *La grande aventure des aliments*;
- *La cuisine autour du monde* d'Angela Wilkes et Sarah Khan.

Tu te familiariseras avec deux stratégies de lecture. Tu écriras un court texte dans lequel tu imagineras ce qu'un animal pourrait dire pendant une journée à la ferme. Tu rédigeras un deuxième texte pour présenter ton plat préféré et expliquer pourquoi tu le préfères aux autres.

Je lis

▶ Lis le texte. Tu apprendras quels aliments sont essentiels pour garder ton corps en santé.

Stratégie ⑨
Je m'arrête. Je me demande de quoi on parle.

Qu'est-ce que la nourriture?

Primordiale, la nourriture fournit l'énergie indispensable à la vie, c'est-à-dire le carburant qui nous permet de bouger et de conserver notre chaleur. Elle apporte également les éléments essentiels dont nous avons besoin pour construire, réparer et entretenir nos tissus et nos organes et pour nous

5 maintenir en bonne santé. Les substances des aliments remplissant ce rôle s'appellent les nutriments, et se répartissent en deux grandes catégories : les macronutriments (glucides, protéines et lipides), qui constituent la base de la nutrition, et les micronutriments (vitamines et minéraux). [...] L'eau n'est pas considérée

10 comme un nutriment mais, élément fondamental de toute nourriture, elle est essentielle à la vie.

⑨ Je m'arrête. Je redis dans ma tête les noms des substances contenues dans les aliments qui nous maintiennent en bonne santé.

Une source d'énergie

Les aliments nous fournissent l'énergie dont nous avons besoin pour vivre. Notre corps brûle en permanence un mélange de macronutriments pour produire l'énergie qui nous permet d'être actifs. Même lorsque nous nous

15 reposons, il nous faut de l'énergie pour que nos poumons fonctionnent, que notre cœur batte et que les autres activités vitales s'accomplissent.

Notre alimentation quotidienne

Pour être en bonne santé, nous devons avoir un régime alimentaire équilibré comprenant des glucides, des protéines

20 [...] et des lipides en quantité suffisante mais non excessive. Ils constituent la principale source d'énergie pour le fonctionnement du corps et l'activité

musculaire. Une grande variété de produits frais, fruits et légumes en

25 particulier, permet l'apport en vitamines et en sels minéraux qui sont, par ailleurs, indispensables à la santé. [...]

L'eau, c'est la vie !

Nous pouvons survivre plusieurs semaines sans manger mais seulement quelques jours sans boire. Principal composant du sang,
30 l'eau contribue également à l'élimination des déchets de l'organisme. Nous devons boire fréquemment car nous perdons sans cesse de l'eau : quand nous urinons, transpirons ou expirons par exemple.
35 En moyenne, un adulte a besoin d'un litre à un litre et demi de liquide par jour.

> Je m'arrête. Je redis dans ma tête pourquoi nous devons boire de l'eau chaque jour.

Les vitamines et les minéraux

Notre organisme ne peut fabriquer toutes les vitamines dont il a besoin et nous devons donc les trouver dans notre alimentation. Celles-ci sont importantes pour le métabolisme. Les minéraux sont présents dans l'environnement mais
40 l'organisme ne peut pas non plus les produire. Il nous faut donc consommer des végétaux et de la viande qui ont assimilé ces minéraux.

Laura Buller, *Notre nourriture. Aliments, culture et santé*,
traduit par Hélène Pantione © Dorling Kindersley
© Éditions Gallimard Jeunesse pour la version française, 2006,
coll. « Les yeux de la découverte », p. 8 et 9.

Le texte explicatif

- Le **texte explicatif** sert à **expliquer**, à **faire comprendre** un fait ou un phénomène.

- Le texte explicatif le plus simple se compose de deux parties : une **question** en *pourquoi* et une **explication** en *parce que*.
  - La question correspond souvent au titre du texte.
  - L'explication en *parce que* est contenue dans le développement du texte.

Ex. : **Pourquoi ?** → **Pourquoi doit-on éviter de manger trop de sucre ?**

Parce que... → Le sucre est rempli de ce qu'on appelle des « calories vides », c'est-à-dire des aliments qui ne contiennent ni vitamines ni minéraux. Il n'apporte rien de bon à notre organisme.

1 **Associe** les questions aux explications correspondantes.

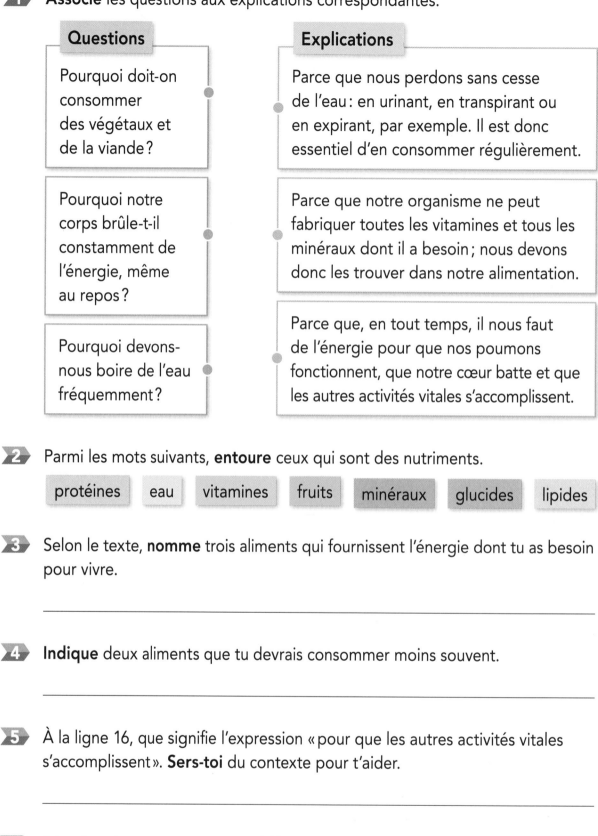

Questions

Pourquoi doit-on consommer des végétaux et de la viande ?

Pourquoi notre corps brûle-t-il constamment de l'énergie, même au repos ?

Pourquoi devons-nous boire de l'eau fréquemment ?

Explications

Parce que nous perdons sans cesse de l'eau : en urinant, en transpirant ou en expirant, par exemple. Il est donc essentiel d'en consommer régulièrement.

Parce que notre organisme ne peut fabriquer toutes les vitamines et tous les minéraux dont il a besoin ; nous devons donc les trouver dans notre alimentation.

Parce que, en tout temps, il nous faut de l'énergie pour que nos poumons fonctionnent, que notre cœur batte et que les autres activités vitales s'accomplissent.

2 Parmi les mots suivants, **entoure** ceux qui sont des nutriments.

protéines   eau   vitamines   fruits   minéraux   glucides   lipides

3 Selon le texte, **nomme** trois aliments qui fournissent l'énergie dont tu as besoin pour vivre.

_____

4 **Indique** deux aliments que tu devrais consommer moins souvent.

_____

5 À la ligne 16, que signifie l'expression « pour que les autres activités vitales s'accomplissent ». **Sers-toi** du contexte pour t'aider.

_____

6 D'après toi, pourquoi est-ce si difficile de changer les mauvaises habitudes alimentaires ?

_____

🐾 Je fais de la grammaire

Le prédicat

- Le prédicat, c'est le groupe de mots qui contient le **verbe conjugué**.

  Le prédicat indique ce qu'on dit à propos du sujet.

  Le plus souvent, le prédicat se place après le sujet.

  Ex.: Olivia **est affamée**.

  Elle **prépare** une délicieuse recette.

1 **Écris** *S* au-dessus du sujet et *Pr* au-dessus du prédicat dans chacune des phrases suivantes.

1. [Michael] [dîne chez sa grand-mère].

2. Aujourd'hui, [il] [déguste son repas préféré].

3. [Sa grand-mère] [lui a préparé un délicieux spaghetti].

4. [Elle] [aime lui faire plaisir].

5. [Cet enfant] [adore cette sauce juste assez épicée].

6. Lentement, [il] [savoure son plat].

7. [Cette recette] [est encore meilleure que celle de sa mère].

8. Or, [Michael] [ne l'avouera jamais]!

9. [Sa mère] [serait bien trop triste].

Miam! Une recette pleine de nutriments!

- Compose trois phrases pour donner trois conseils à un athlète qui veut bien s'alimenter. Dans chaque phrase, identifie le sujet (S) et le prédicat (Pr).

2 **Complète** chaque phrase avec un des prédicats de la liste.

- mangent plus de glucides
- fournissent de l'énergie au corps
- est important de bien s'hydrater
- joue au tennis
- mange surtout des pâtes et du riz

1. Christopher _____ tous les lundis.

2. Avant chaque match, il _____.

3. Ces glucides _____
   pour réaliser une bonne performance.

4. Les grands athlètes _____
   trois jours avant une compétition.

5. Pendant le match, il _____.

J'orthographie

Classe les mots de la semaine dans la case appropriée.

- anneau
- aube
- dieu
- épaule
- gâteau
- héros
- larme
- métro
- meuble
- numéro
- piano
- plume
- plutôt
- propos
- rideau
- tôt

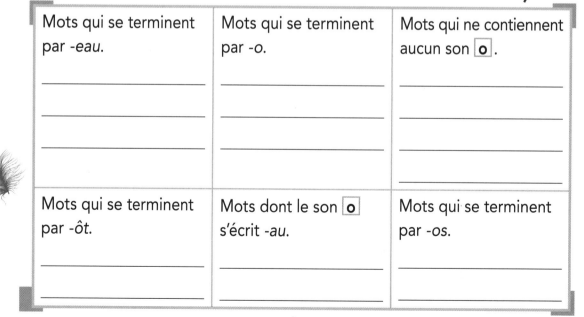

Mots qui se terminent par -*eau*.	Mots qui se terminent par -*o*.	Mots qui ne contiennent aucun son **o**.
_____	_____	_____
_____	_____	_____
_____	_____	_____
Mots qui se terminent par -*ôt*.	Mots dont le son **o** s'écrit -*au*.	Mots qui se terminent par -*os*.
_____	_____	_____
_____	_____	_____

✿ Je conjugue

	Aimer	Réparer	Goûter
1re p. s.	j' aimerai	je réparerai	je goûterai
2e p. s.	tu aimeras	tu répareras	tu goûteras
3e p. s.	il/elle/on aimera	il/elle/on réparera	il/elle/on goûtera
1re p. pl.	nous aimerons	nous réparerons	nous goûterons
2e p. pl.	vous aimerez	vous réparerez	vous goûterez
3e p. pl.	ils/elles aimeront	ils/elles répareront	ils/elles goûteront

1 **Conjugue** les verbes suivants au futur simple de l'indicatif.

1. déguster (2e p. pl.) : _____

2. avaler (3e p. s.) : _____

3. ajuster (1re p. pl.) : _____

4. écouter (3e p. pl.) : _____

5. digérer (2e p. s.) : _____

6. saler (3e p. pl.) : _____

7. critiquer (1re p. s.) : _____

8. ramasser (3e p. s.) : _____

2 **Conjugue** les verbes entre parenthèses au futur simple de l'indicatif.

Je (participer) _____ avec deux amis au Festival

de la cuisine santé. Nous (préparer) _____

une entrée, un plat principal et un dessert. Nos recettes

(compter) _____ au moins un aliment de chaque

groupe alimentaire. Chaque personne (ajouter) _____

sa touche particulière. Par exemple, tu (assaisonner) _____

chaque plat avec des épices fraîchement moulues.

Je lis

▶ Lis le texte. Tu découvriras des faits étonnants sur quelques animaux de la ferme.

Stratégie 9

Je m'arrête. Je me demande de quoi on parle.

LA FERME

> *Tu as sûrement constaté l'importance qu'ont les animaux de la ferme dans notre alimentation. Voici quelques faits à leur sujet.*

Production d'œufs

Comme tu le sais déjà, les agriculteurs ont augmenté l'efficacité de leur production. Voici un exemple concret pour mieux comprendre. On produit plus d'œufs avec moins de poules. Aujourd'hui, les poules pondent plus d'œufs qu'avant. En 1970, une poule pondait environ 13 douzaines
5   d'œufs par année. Aujourd'hui, les poules pondent environ 25 douzaines d'œufs par année. C'est presque le double !

Le lait

Une vache produit en moyenne 8 000 litres de lait par année. Pour te donner une idée, on pourrait remplir environ 50 baignoires avec tout ce lait.
10 Ensemble, toutes les vaches du Canada font assez de lait pour remplir environ 50 000 baignoires ou 2 500 piscines olympiques.

Je m'arrête. J'imagine d'abord la quantité de lait que produit une vache. Ensuite, j'imagine la quantité de lait que produisent toutes les vaches du Canada.

Le bœuf

Le bœuf est la viande préférée des Canadiens. C'est celle qu'on mange le plus. Chaque personne en mange environ 12 kg par année. Avec cette
15 quantité, tu peux te faire 96 hamburgers. Au Canada, on produit beaucoup de bœufs. Combien de viande une bête donne-t-elle ? Un seul animal donne 370 kg de viande : suffisamment de viande pour préparer 3 000 hamburgers.

Le poulet

Le poulet est sûrement une viande que tu aimes beaucoup. Le poulet, c'est un poussin qui a grandi, qui vient d'un œuf, qui vient d'une poule. Mais ce ne
20 sont pas tous les œufs qui vont éclore : environ 80 % vont donner naissance à de petits poussins.

Annabelle Tas, *La ferme*, Montréal, Les éditions Les Malins, 2011.

1 a) **Remplis** la fiche suivante.

Les produits de la ferme en quelques chiffres

1. Nombre d'œufs pondus par
   une poule en une année en 1970 : _____

2. Nombre d'œufs pondus par
   une poule en une année aujourd'hui : _____

3. Nombre de litres de lait
   produits par une vache chaque année : _____

4. Nombre de kilogrammes de bœuf mangés
   en moyenne par un Canadien chaque année : _____

5. Nombre de kilogrammes de bœuf
   nécessaires pour préparer 3 000 hamburgers : _____

6. Sur un total de 100 œufs, nombre
   d'œufs qui donneront naissance à un poussin : _____

b) **Place** ces nombres dans l'ordre croissant.

_____ _____ _____ _____ _____ _____

2 **Indique** si chaque énoncé est vrai ou faux.

1. Les poules pondent presque trois fois plus d'œufs
   aujourd'hui qu'en 1970.

2. Il faut 50 000 baignoires pour contenir autant de lait
   que 50 piscines olympiques.

3. Avec 12 kg de bœuf, on peut préparer 96 hamburgers.

VRAI **ou** FAUX

☐ ☐

☐ ☐

☐ ☐

3 **Écris** une question que tu aimerais poser à un agriculteur
à propos d'un animal présenté dans le texte.

_____

_____

🐾 Je fais de la grammaire

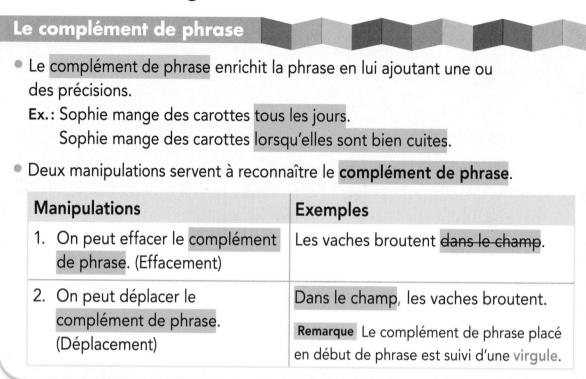

Le complément de phrase

- Le complément de phrase enrichit la phrase en lui ajoutant une ou des précisions.

  Ex.: Sophie mange des carottes tous les jours.

  Sophie mange des carottes lorsqu'elles sont bien cuites.

- Deux manipulations servent à reconnaître le **complément de phrase**.

Manipulations	Exemples
1. On peut effacer le complément de phrase. (Effacement)	Les vaches broutent ~~dans le champ~~.
2. On peut déplacer le complément de phrase. (Déplacement)	Dans le champ, les vaches broutent. Remarque Le complément de phrase placé en début de phrase est suivi d'une virgule.

1 **Montre** que chaque groupe de mots entre crochets est un complément de phrase. **Récris** la phrase. **Effectue** la manipulation demandée.

1. Les fermiers doivent traire leurs vaches [deux fois par jour].

   Effacement : _____

2. [Pour effectuer cette tâche], ils utilisent un robot de traite.

   Déplacement : _____

3. Ce robot peut traire de 50 à 70 vaches par jour [sans se fatiguer].

   Effacement : _____

4. Il facilite la vie des fermiers [durant toute l'année].

   Déplacement : _____

5. Le lait est, [par la suite], vidé dans un camion-citerne.

   Déplacement : _____

2 **Complète** les phrases suivantes. **Ajoute** à chacune un des compléments de phrase de la liste.

- au Canada
- pour ce qui est des poulets biologiques
- à la ferme
- à chaque repas

1. Les poulets vivent dans des poulaillers _____.

2. _____, ils sont nourris de grains mélangés à un peu de farine de viande et de graisse.

3. _____, ils ne mangent que du grain.

4. _____, les poulets vendus sur le marché ne contiennent aucune hormone et aucun antibiotique.

3 **Ajoute** un complément de phrase de ton choix aux phrases suivantes.

1. La fermière s'approche des poussins.

_____

2. Elle est entourée de petites boules de plumes jaunes.

_____

3. Une grosse poule s'approche d'elle.

_____

4. Elle lui picore les chevilles.

_____

5. La fermière remplit la mangeoire.

_____

6. Elle rebrousse chemin.

_____

Sur le bout de la langue

- Dans une phrase, des groupes de mots remplissent les fonctions suivantes : sujet de phrase, prédicat de phrase et complément de phrase.

  Ex.: La poule pond un œuf tous les matins.

  Tous les matins, la poule pond un œuf.

  La poule, tous les matins, pond un œuf.

4 Dans chaque phrase, **mets entre crochets** chaque groupe de mots : le sujet, le prédicat et, s'il y a lieu, le complément de phrase. **Écris** *S* au-dessus du sujet, *Pr* au-dessus du prédicat et *CP* au-dessus du complément de phrase.

1. Le coq chante au lever du soleil .

2. À cet instant , Arthur, le fermier , doit déjà se lever .

3. Il se rend à l' étable .

4. Ses vaches dorment encore .

5. Cette musique réveille les vaches en douceur chaque matin .

5 Dans le texte *La ferme*, entre les lignes 3 et 5, **mets entre crochets** le sujet, le prédicat et le complément de phrase de chaque phrase. **Indique** *S* au-dessus du sujet, *Pr* au-dessus du prédicat et *CP* au-dessus du complément de phrase.

◆ J'écris

La ferme à travers les yeux de...

▶ Plusieurs auteurs ont fait parler des animaux dans des films ou des livres. À ton tour d'imaginer leurs paroles. Choisis un animal de la ferme nommé dans le texte de cette semaine.

- Rédige quatre phrases qu'il pourrait dire pendant une journée à la ferme.
- Identifie le sujet, le prédicat et le complément de chaque phrase.

🐾 Je conjugue

● Les verbes en *-ir* comme *finir* se conjuguent de la même façon au futur simple.

	Finir	Fournir	Grandir
1re p. s.	je finirai	je fournirai	je grandirai
2e p. s.	tu finiras	tu fourniras	tu grandiras
3e p. s.	il/elle/on finira	il/elle/on fournira	il/elle/on grandira
1re p. pl.	nous finirons	nous fournirons	nous grandirons
2e p. pl.	vous finirez	vous fournirez	vous grandirez
3e p. pl.	ils/elles finiront	ils/elles fourniront	ils/elles grandiront

1 **Conjugue** les verbes suivants au futur simple de l'indicatif.

1. accomplir (1re p. pl.) : _____

2. rôtir (3e p. s.) : _____

3. rebondir (2e p. s.) : _____

4. établir (2e p. pl.) : _____

5. agir (1re p. s.) : _____

6. vieillir (2e p. pl.) : _____

7. surgir (3e p. pl.) : _____

2 **Conjugue** les verbes entre parenthèses au futur simple de l'indicatif.

Mon père, qui est agriculteur, (agrandir) _____ son étable très

bientôt. Je (rénover) _____ avec lui le bâtiment. Ensemble, nous

(élargir) _____ l'entrée et nous (embellir) _____

la section où les bêtes s'alimentent. Nous (rafraîchir) _____

ensemble cette vieille étable.

🐾 J'orthographie

Écris le mot correspondant à chaque définition.
Au besoin, **consulte** les mots de la semaine à la page 136.

1. Personne qui conduit un navire. ___ ___ ___ ___ a i ___

2. Synonyme
   d'*époustouflant.* ___ ___ ___ ___ ___ ___ a i ___

3. Samedi et dimanche. ___ ___ ___ ___ ___ a i ___

4. Synonyme d'*habituel.* ___ ___ ___ ___ ___ a i ___

5. La colombe en est le symbole. ___ a i ___

6. On en trouve toujours une pour expliquer son retard. ___ a i ___ ___ ___

7. Faire une deuxième fois. ___ ___ ___ ___ a i ___

8. Les vaches en produisent. ___ a i ___

9. Les moutons en produisent. ___ ___ a i ___

10. Il accompagne le tonnerre lors d'un orage. ___ ___ ___ a i ___

11. *Monter* et *descendre*
    en sont un exemple. ___ ___ ___ ___ a i ___

12. On peut l'offrir à quelqu'un dans le besoin. a i ___ ___

13. Venir au monde. ___ a î ___ ___ ___

14. Donner de la lumière. ___ ___ ___ a i ___ ___

15. Les magiciens choisissent
    des objets qu'ils font… ___ ___ ___ ___ ___ a î ___ ___

16. À partir de maintenant. ___ ___ ___ ___ ___ a i

17. Avant d'acheter un produit, il faut qu'il puisse nous… ___ ___ a i ___ ___

🐾 Je lis

▶ Lis le texte. Tu suivras le trajet que les aliments
emprunte lorsque tu les manges.

La grande aventure des aliments

Tu as faim. Tu sors ta pomme et tu prends une bouchée. Qu'arrive-t-il alors à
ce morceau de fruit que tu as dans la bouche ? L'aliment que tu viens d'avaler
commence un long voyage. Voici les principales étapes du cheminement
de la nourriture dans ton corps.

La bouche

5 Ce sont d'abord tes dents qui
déchiquettent les aliments. <u>Elles</u>
les réduisent en petits morceaux.
La salive que tu produis permet
de les amollir. Ta langue les retourne
10 encore et encore jusqu'à ce que
ces aliments se transforment en une
pâte liquide. Tu avales. Le processus
de digestion vient de commencer.

L'œsophage

Ton œsophage est un long tube qui débute après ta bouche. Il permet
15 aux aliments que tu as avalés de descendre jusqu'à ton estomac.

L'estomac

Lorsque les aliments arrivent dans ton estomac, ils sont aussitôt malaxés.
Des substances digestives, les sucs gastriques, participent au travail. Ils se
mélangent aux aliments. Les aliments, qui avaient la forme d'une pâte liquide
en arrivant dans l'estomac, vont être réduits en éléments microscopiques :
20 les nutriments. Ces nutriments passent graduellement dans l'intestin grêle.
Généralement, cette étape dure de deux à six heures.

L'intestin grêle

L'essentiel de la digestion a lieu dans l'intestin grêle, un très long tuyau qui peut mesurer jusqu'à six mètres. C'est à partir de la paroi de cet intestin que les nutriments passent dans ton sang. Grâce au réseau de veines et d'artères,
25 le sang les distribue partout dans ton corps. C'est ainsi que tes muscles, ton cerveau, tes bras, tes jambes, bref tout ton corps reçoit ce qui est nécessaire à son bon fonctionnement.

Le foie et le pancréas

Deux autres organes jouent également un rôle très important dans la digestion : le foie et le pancréas. Le foie a toutes sortes de
30 fonctions dans l'organisme. Il sécrète notamment la bile, un liquide qui permet la digestion des graisses. De son côté, le pancréas transforme la nourriture en particules minuscules dont ton corps pourra se servir. Il permet aussi de contrôler la quantité de sucre dans le sang.

> Observe le mot souligné dans le texte. Entoure les mots qu'il remplace.

Le gros intestin

La digestion n'est pas encore terminée. Les nutriments ont été distribués dans
35 ton corps, mais il reste encore certains éléments, qui constituent les déchets. Ton corps n'utilisera pas ces déchets. Ceux-ci passent alors dans le gros intestin. Ils sont ensuite rejetés par l'anus.

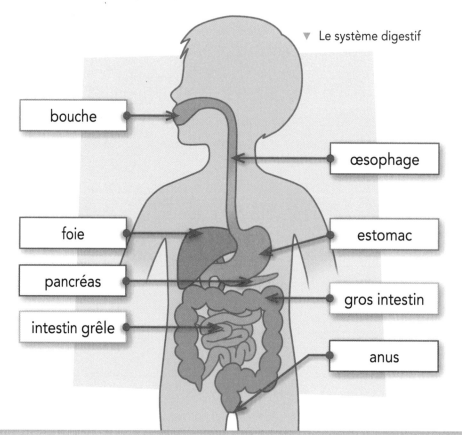

▼ Le système digestif

bouche

œsophage

foie

estomac

pancréas

gros intestin

intestin grêle

anus

1 **Place** dans l'ordre chronologique les transformations que subit la nourriture à partir du moment où tu la portes à ta bouche. **Inscris** les numéros de 1 à 6.

◻ Les nutriments traversent la paroi de l'intestin grêle et se rendent dans le sang.

◻ La nourriture descend dans l'œsophage.

◻ La nourriture est mélangée aux sucs gastriques.

◻ Les déchets qui restent sont rejetés par l'anus.

◻ Tes dents déchiquettent la nourriture et ta langue la tourne dans tous les sens.

◻ Les nutriments sont distribués dans ton corps par les artères et les veines.

2 **Associe** les mots suivants à la bonne définition.

artères et veines ●	● Substance qui permet de digérer les graisses.
gros intestin ●	● Dernier arrêt par où passent les déchets avant d'être rejetés par l'anus.
bile ●	● Substances qui transforment les aliments en nutriments.
sucs gastriques ●	● Réseau qui transporte le sang dans ton corps.

3 **Observe** le schéma de la page 48. **Note** le nom des organes.

1. Le tube qui entraîne la nourriture de la bouche à l'estomac. _____

2. Les deux organes placés près de l'estomac. _____

4 Après avoir lu ce texte, pourquoi crois-tu qu'il est important de consommer des aliments sains le plus souvent possible?

_____

_____

_____

🐾 Je fais de la grammaire

La phrase de forme négative ou positive

- La phrase de **forme négative** contient deux mots de négation.
  La phrase de **forme positive** ne contient pas de mots de négation.

- Les principaux mots de négation sont:
  - *ne… pas* (ou *n'… pas*);
  - *ne… jamais* (ou *n'… jamais*);
  - *ne… plus* (ou *n'… plus*);
  - *ne… rien* (ou *n'… rien*).

  Le plus souvent, ces mots de négation encadrent le **verbe conjugué**.

Exemples de phrases de forme négative		Exemples de phrases de forme positive
Je ne **mange** pas.	Tu n'**écoutes** pas.	Je **mange**. Tu **écoutes**.
Je ne **mange** jamais.	Tu n'**écoutes** jamais.	
Je ne **mange** plus.	Tu n'**écoutes** plus.	
Je ne **mange** rien.	Tu n'**écoutes** rien.	

Remarque Le *ne* (ou *n'*) est obligatoire à l'écrit. À l'oral, il est souvent absent.

 **Entoure** les phrases négatives.

1. L'œsophage mène les aliments vers l'estomac.

2. Il ne faut pas manger trop vite.

3. Le pancréas et le foie sont deux organes nécessaires à la digestion.

4. Les frites et les croustilles ne contiennent pas beaucoup de vitamines.

5. On ne doit jamais manger un morceau de viande qui a passé plusieurs heures à la chaleur.

6. Tous nos organes ont besoin d'énergie pour bien fonctionner.

2 a) Dans le dernier paragraphe du texte *La grande aventure des aliments*, **souligne** les phrases de forme négative.

b) **Entoure** les mots de négation.

1. Tu dois mâcher rapidement.

_____

2. Il faut avaler de gros morceaux.

_____

3. Les aliments gras et frits sont bons pour la santé.

_____

4. Un repas pris dans une ambiance bruyante favorise la digestion.

_____

_____

J'orthographie

Complète les énoncés à l'aide des mots de la semaine.
Utilise chaque mot une seule fois.

- bibliothèque
- colère
- espèce
- fêter
- hurler
- matière
- même
- misère
- mystère
- pêche
- planète
- poème
- problème
- rêve
- scène
- système

1. mon plus grand _____

2. une _____ de quartier

3. un expert en la _____

4. résoudre un _____

5. être rouge de _____

6. du pareil au _____

7. la _____ Mars

8. une _____ animale

9. _____ et boule de gomme

10. une vie de _____

11. aller à la _____

12. entrer en _____

13. _____ les vacances

14. lire un _____

15. le _____ solaire

16. _____ de rage

🐾 Je fais de la grammaire

La phrase déclarative

- La phrase déclarative est très courante. Elle sert à *déclarer*, à constater quelque chose. Le plus souvent, elle se termine par un simple point.
  Ex. : Les aliments donnent de l'énergie à notre corps.

- La phrase déclarative contient un sujet et un prédicat placé après le sujet. Elle peut aussi contenir un complément de phrase.
  Ex. : Les aliments donnent de l'énergie à notre corps.
  Les aliments donnent de l'énergie à notre corps tous les jours.

- La phrase déclarative est de forme négative si elle contient des mots de négation.
  Ex. : Ces aliments sont nutritifs.   Ces aliments ne sont pas nutritifs.
  (Phrase déclarative de forme positive.)   (Phrase déclarative de forme négative.)

a) **Souligne** les phrases déclaratives.

b) **Coche** la case à côté des phrases déclaratives négatives.

1. Léo doit choisir entre une salade de fruits et un gâteau pour le dessert.

2. Comme c'est un choix difficile !

3. Résistera-t-il à la tentation de mordre à belles dents dans le gâteau ?

4. On dirait que son ventre lui parle.

5. « Prends le gâteau, Léo », semble-t-il lui dire.

6. Toutefois, Léo ne souhaite pas consommer des aliments trop gras.

7. Finalement, il ne se laisse pas tenter.

8. Il mangera une salade de fruits comme dessert.

🐾 Je conjugue

	Avoir	Être	Aller
1re p. s.	j' **aur**ai	je **ser**ai	j' **ir**ai
2^e p. s.	tu **aur**as	tu **ser**as	tu **ir**as
3^e p. s.	il/elle/on **aur**a	il/elle/on **ser**a	il/elle/on **ir**a
1re p. pl.	nous **aur**ons	nous **ser**ons	nous **ir**ons
2^e p. pl.	vous **aur**ez	vous **ser**ez	vous **ir**ez
3e p. pl.	ils/elles **aur**ont	ils/elles **ser**ont	ils/elles **ir**ont

1 ▸ **Entoure** les verbes au futur simple de l'indicatif.

- je serai
- vous alliez
- ils seront
- nous aurons
- vous serez
- tu as
- nous irons
- tu serais
- ils vont
- elles iront

2 ▸ **Conjugue** les verbes entre parenthèses au futur simple de l'indicatif.

Ma grand-mère, qui (avoir) _____ 90 ans le mois prochain, nous

a donné un bon conseil. Selon elle, nous (être) _____ en santé

toute notre vie si nous mangeons, bougeons et dormons bien chaque jour.

Alors, dès demain, j'(aller) _____ courir quelques kilomètres,

ma sœur (aller) _____ acheter des bons fruits et légumes et

mes parents (être) _____ rassurés si nous dormons suffisamment.

Ma grand-mère (être) _____ fière de nous! Nous (avoir) _____

peut-être la même chance qu'elle : vivre aussi longtemps en santé.

Ce (être) _____ pour nous tout un exploit!

Futé

> • Ouvre un livre à la page de ton choix. Trouve le verbe *avoir*, le verbe
> *être* ou le verbe *aller* à l'imparfait ou au futur simple de l'indicatif.
> Retranscris les phrases dans lesquelles tu as trouvé ces verbes.

Je lis

▶ **Lis le texte. Tu découvriras des plats de partout dans le monde.**

Stratégie 7

Je repère les mots de substitution.

La cuisine autour du monde

7 Observe les mots soulignés dans le texte. Entoure les mots qu'ils remplacent.

Les spécialités culinaires varient grandement d'une région du globe à une autre. En voici <u>quelques-unes</u> qui te permettront de faire un voyage gastronomique… en quelques minutes !

Antilles

Les Antilles sont un <u>archipel formé de centaines d'îles tropicales</u>. Elles sont célèbres pour leurs eaux bleues, un climat chaud, leurs plages de sable blanc et leurs récifs de corail. Les Antilles sont peuplées d'habitants d'origines diverses. La cuisine antillaise est ainsi un mélange exotique de
5 traditions culinaires africaines, européennes et asiatiques, à base de poisson, de volaille, de riz, de haricots et de fruits tropicaux.

Afrique

L'Afrique est un grand continent divisé en plus de 50 pays. La cuisine africaine est généralement basée sur
10 l'agriculture locale. Mouton, chèvre, riz, blé, tubercules, piments et une grande variété d'épices sont très utilisés dans presque
15 toute l'Afrique.

Tubercule
Partie de la racine d'une plante qui renferme ses réserves de nourriture.

Irlande

L'Irlande est un beau pays de collines verdoyantes, de lacs et de paysages côtiers spectaculaires. Pomme de terre et élevage de vaches laitières font partie de la vie irlandaise depuis des siècles. La pomme de terre entre dans la composition de nombreux plats traditionnels, dont gâteaux,
20 crêpes et pain.

Russie

La Russie s'étend sur l'Asie et sur l'Europe. Il y fait très froid en hiver. Les pommes de terre, les betteraves et les navets sont <u>les légumes les plus courants</u>. Le blé et d'autres céréales sont cultivés
25 en été sur les immenses steppes du centre du pays. Parmi les spécialités culinaires, on trouve de petites crêpes de farine de sarrasin appelées blinis, ainsi que le <u>bortsch</u>, une soupe de betteraves rouges à la crème aigre.

> **Steppe**
> Vaste plaine.

Grèce

30 La Grèce s'étend au bord de la Méditerranée, au sud de l'Europe. Son climat est chaud et ensoleillé. C'est un pays montagneux, au sol sec et rocailleux où broutent des troupeaux de moutons et de chèvres. Citronniers et oliviers y poussent bien.

Des plats grecs bien connus sont l'avgolemono, une soupe au citron et à
35 l'œuf, le spanakopita, une sorte de tarte aux épinards, et le tzatziki, un hors-d'œuvre fait de yogourt, d'ail et de concombre, mangé avec du pain pita.

Turquie

La Turquie est située sur la côte orientale de la Méditerranée. Une petite partie du territoire est européenne, mais le reste se trouve sur le continent asiatique. Sa cuisine subit donc l'influence des deux côtés.

40 Les plats les plus prisés sont les pilafs, à base de riz, les légumes farcis, les desserts au lait parfumés à la fleur d'oranger ou à l'eau de rose, et les pâtisseries au miel et aux amandes. Le poisson grillé ou cuit au four est une spécialité des régions côtières.

Japon

Le Japon est formé de quatre îles principales
45 situées à l'est de la Chine. La cuisine y est surtout à base de poisson et de fruits de mer, accompagnés de légumes, de nouilles et de riz. La nourriture japonaise est légère et peu grasse. Les aliments sont souvent servis crus,
50 ou très peu cuits. C'est une cuisine très saine.

Extrait de *La Cuisine autour du monde*, reproduit avec l'autorisation de Usborne Publishing, London, UK. Copyright © 2011 Usborne Publishing Ltd

🐾 Je fais de la grammaire

- Certains mots se prononcent de la même façon, mais ils s'écrivent différemment. On dit que ce sont des **homophones**.

on/ont	Comment le reconnaître?	Exemples
on	• C'est un pronom. • On peut le remplacer par *il*.	*il* Chez moi, **on** adore le riz.
ont	• C'est le verbe *avoir* (3ᵉ p. pl.) au présent de l'indicatif. On peut le remplacer par *avaient*.	*avaient* Mes parents **ont** un livre de recettes qui le met en valeur.

1   **Écris** *on* ou *ont* dans les phrases suivantes.

En Espagne, _____ adore cuisiner les poissons et les fruits de mer.

Les cuisiniers espagnols _____ une façon de les apprêter qui les rend

irrésistibles! Dès qu'_____ goûte à une paella, _____ est conquis!

Les habitants de ce pays _____ l'avantage d'avoir du poisson bien frais.

mon/m'ont	Comment le reconnaître?	Exemples
mon	• C'est un déterminant. • On peut remplacer **mon** par **ton**.	*ton* J'adore **mon** livre de recettes.
m'ont	• C'est un pronom suivi du verbe *avoir*. • On peut le remplacer par **m'avaient**.	*m'avaient* Mes amis **m'ont** donné ce livre.

2   **Écris** *mon* ou *m'ont* dans les phrases suivantes.

Cet été, ma mère et _____ père _____ proposé de faire un grand

voyage. Ils _____ suggéré plusieurs destinations, mais _____ choix

n'est pas encore fait. Je m'informerai auprès de _____ oncle.

ma/m'a	Comment le reconnaître ?	Exemples
ma	• C'est un déterminant. • On peut le remplacer par *une*.	une Voici **ma** grand-mère, Pauline.
m'a	• C'est un pronom suivi du verbe *avoir*. • On peut le remplacer par *m'avait*.	m'avait Elle **m'a** cuisiné une bonne soupe.

3 ▸ **Écris** *ma* ou *m'a* dans les phrases suivantes.

_____ grand-mère a beaucoup voyagé. Lors de son dernier périple,

elle _____ rapporté des chocolats belges délicieux. Je les ai partagés

avec Laurence, _____ meilleure amie. Je crois qu'elle _____ trouvée

bien généreuse, car plusieurs auraient mangé ces délices en cachette…

ta/t'a	Comment le reconnaître ?	Exemples
ta	• C'est un déterminant. • On peut le remplacer par *une*.	Une **Ta** recette est réussie.
t'a	• C'est un pronom suivi du verbe *avoir*. • On peut le remplacer par *t'avait*.	t'avait Ce grand chef **t'a** donné sa recette.

4 ▸ **Écris** *ta* ou *t'a* dans les phrases suivantes.

_____ recette de *pastel de nata* est absolument fantastique !

Quelle chance tu as ! Un chef portugais _____ confié le secret

pour réussir ce dessert de son pays. Chose certaine, il _____

bien transmis ses connaissances culinaires, car _____ tartelette

est parfaite. J'ai très hâte d'y goûter à nouveau.

J'écris

Un bonheur pour mes papilles

Quel est ton plat préféré? Pourquoi l'aimes-tu autant? Rédige un texte explicatif qui précisera pourquoi tu apprécies les ingrédients qu'il contient. Donne, en plus, deux autres raisons qui rendent ce plat si spécial pour toi.

Étape 1 **Je planifie mon texte.**

a) Quel plat choisis-tu? _____

b) À qui peux-tu poser des questions pour trouver les informations demandées à l'étape 2? _____

Étape 2 **Je note mes idées.**

a) Quels ingrédients composent ce plat?

_____

_____

b) Écris une raison qui fait que tu apprécies les ingrédients de ce plat.

_____

_____

c) Écris deux autres raisons qui rendent ce plat si spécial pour toi.

_____

_____

Étape 3 **Je rédige mon brouillon.**

a) Écris ton premier jet.

Titre: Rédige ton titre en complétant la question suivante: *Pourquoi j'aime autant…?*

1er paragraphe: Nomme ton plat préféré et décris-le.

2e paragraphe: Présente les ingrédients qui composent ce plat. Explique pourquoi tu les apprécies.

3e paragraphe : Explique deux autres raisons qui rendent ce plat spécial pour toi.

4e paragraphe : Écris une phrase pour encourager tes camarades à y goûter.

b) Vérifie maintenant ton texte. Sers-toi des éléments suivants.
Lorsque tu as vérifié un élément, coche sa case.

c) S'il manque un élément, modifie ton texte.

1. Mon titre est formé d'une question. ⬜

2. J'ai nommé mon plat préféré. ⬜

3. J'ai présenté les ingrédients qui composent le plat. ⬜

4. J'ai précisé la raison qui explique pourquoi j'aime ces ingrédients. ⬜

5. J'ai donné deux autres raisons qui expliquent pourquoi j'aime ce plat. ⬜

6. J'ai composé une phrase pour encourager mes camarades à goûter à mon plat préféré. ⬜

Étape 4 Je corrige mon texte.

Sers-toi des éléments suivants pour corriger ton texte.

a) Relis ton texte. À chaque lecture, concentre-toi sur un seul élément.

b) Lorsque tu as vérifié un élément, coche sa case.

1. J'ai mis une majuscule au début et un point à la fin de chaque phrase. ⬜

2. Je m'assure que tous les mots sont là. ⬜

3. J'ai bien orthographié mes mots. ⬜

4. J'ai accordé mes groupes du nom. ⬜

5. J'ai accordé mes verbes avec leur sujet. ⬜

Étape 5 Je mets mon texte au propre.

Je fais de la grammaire

1 Dans le texte *La cuisine autour du monde*, entre les lignes 2 et 4, **surligne** les groupes du nom dont le noyau est un nom au pluriel.

2 a) **Mets entre crochets** les groupes du nom dans les phrases suivantes.

b) **Fais** les accords dans les GN, au besoin.

Chaque__ pays a ses spécialité__ culinaire__ . Il peut être passionnant

d' effectuer un voyage__ gastronomique__ . Ainsi , il est possible

de goûter les meilleur__ plat__ de chaque__ région__ . L' Europe__

est particulièrement célèbre pour ses menu__ alléchant__ . On gagne

aussi à connaître les recette__ asiatique__ .

 # J'orthographie

Place les mots de la semaine au bon endroit dans le texte suivant.
Fais les accords, au besoin.

• biscuit	• côte	• drôle	• huile	• rôle
• bleuet	• déjeuner	• forme	• île	• soupe
• bol	• dîner	• habitude	• plat	• théâtre

Ce matin, je me suis préparé un _____ savoureux! Un _____

de _____ , un _____ en _____ d'étoile et une

_____ flottante à la vanille constituaient mon repas. J'aimerais garder

cette bonne _____ . Toutefois, je n'avais plus faim pour _____

et j'ai dû expliquer à ma mère que mon manque d'appétit n'avait rien à voir

avec les _____ qu'elle me servait, une gigantesque _____ de

bœuf et une _____ froide à la poire et à l'_____ de sésame...

Elle n'a pas trouvé cela _____ . Alors, j'ai fait comme au _____

et j'ai joué le _____ d'un personnage affamé… Et j'ai tout avalé!

1 **Écris** au-dessus de chaque groupe de mots entre crochets s'il s'agit du sujet (*S*), du prédicat (*Pr*) ou du complément de phrase (*CP*).

1. [Les céréales] [représentent la base de la nourriture] [dans plusieurs pays].

2. [Le blé] [est la céréale la plus cultivée] [sur toute la planète].

3. [Dans diverses régions du monde], [les habitants]

   [consomment beaucoup de riz].

2 **Conjugue** les verbes entre parenthèses au temps demandé.

Mon amie Sonia ne (manger, conditionnel présent) _____

que des gâteaux. En fait, elle (adorer, présent) _____ les aliments

sucrés. Ses parents lui (donner, conditionnel présent) _____ bien

autre chose, mais elle (refuser, présent) _____ tout ce qu'ils

lui (proposer, présent) _____ . Je (finir, futur) _____

bien, un jour, par lui enseigner les vertus des aliments sains. Elle (réussir,

futur) _____ sans doute à comprendre que le gâteau, c'est

bien bon, mais en certaines occasions seulement. Le corps ne se (nourrir,

présent) _____ pas seulement de sucre. Il (nécessiter, présent)

_____ aussi des fibres, des protéines, des vitamines…

3 **Entoure** les phrases déclaratives négatives.

1. Au Québec, on appelle le maïs du « blé d'Inde ».

2. Les premiers colons croyaient être en Inde, alors ils ont baptisé ce légume de cette façon.

3. Un épi de maïs ne devrait pas dépasser trente centimètres de longueur.

4. Le maïs n'est pas récolté au printemps.

Une finale délicieuse

Rafi a invité trois amis à souper. Ils savoureront une salade, une omelette, des fruits et un gâteau. Découvre où les amis seront assis à table et ce que chacun préparera.

1 **Conjugue** les verbes au futur simple de l'indicatif.

Rose (avoir) _____ la chaise verte.

Rose et Rafi (être, 3ᵉ p. pl.) _____ assis côte à côte.

Carlos ne (être) _____ pas en face de Rafi.

Jeanne (aller) _____ à gauche de Rose.

2 **Ajoute** un complément de phrase à chacune des phrases suivantes.

Avant de cuire l'omelette • Pour préparer le gâteau • Pour faire la salade

1. _____, Rafi achète du chocolat.

2. _____, Jeanne coupe les légumes.

3. _____, Carlos bat une douzaine d'œufs.

3 a) **Transforme** les phrases suivantes en phrases négatives.

b) **Relis** les phrases négatives pour deviner ce qu'apportera Rose.

1. Rose prépare la salade et le gâteau.

_____

2. Elle apporte l'omelette. _____

Qu'apportera Rose ? _____

Il était une fois un monde...

Lis le titre. Observe l'illustration.

- Que fait le personnage ?
- Qu'est-ce qui pourrait se cacher sous son pinceau ?
- D'après toi, de quoi sera-t-il question dans ce thème ?

À l'affût dans le thème

Qui est Lucy ?

Dans ce thème, tu liras deux textes informatifs et deux extraits de romans :

- *Le monde fascinant des dinosaures* ;
- *L'incroyable découverte* de Caroline Merola ;
- *Des découvertes extraordinaires* de Philippe Nessmann et Peter Allen ;
- *L'armée d'outre-tombe* d'Anne Vantal.

Tu te familiariseras avec trois stratégies de lecture. Tu écriras un court texte dans lequel tu t'entraîneras à utiliser le conditionnel présent. Tu composeras un deuxième texte pour t'exercer à utiliser des mots de substitution.

Je lis

Lis le texte suivant. Tu feras plusieurs découvertes sur les dinosaures.

Stratégie 4

Je dégage l'information importante dans les phrases longues ou difficiles.

L'introduction

Le monde fascinant des dinosaures ⟨ Le titre

Savais-tu qu'il y a très longtemps, des dinosaures ont probablement vécu à l'endroit où tu vis maintenant? On retrouve aujourd'hui des traces de ces animaux dans toutes les régions du monde, même au Canada.

L'histoire des dinosaures n'est pas toute connue. Loin de là! Les scientifiques
5 découvrent en moyenne sept nouvelles sortes de dinosaures chaque année. Surprenant, non?

Des dinosaures sur Terre ⟨ Le développement

Il y a 225 millions d'années apparaissaient les premiers dinosaures sur Terre. Pendant 150 millions d'années, ces animaux ont peuplé notre planète. Puis, ils ont disparu. Cela se passait bien avant que le premier être humain existe.

10 Aujourd'hui, on connaît toutes sortes de choses sur les dinosaures grâce aux ossements et aux fossiles découverts à plusieurs endroits de la Terre. Par exemple, on sait que les dinosaures appartenaient à la classe des reptiles.

L'étude de la préhistoire nous a aussi appris que les dinosaures n'étaient pas les seuls animaux sur Terre à cette époque. En fait, la vie animale était
15 vraiment abondante! Déjà, des lézards, des serpents, des crocodiles, des oiseaux, des mammifères et des insectes peuplaient notre planète.

Une diversité essentielle à la vie

Aujourd'hui, on compte des centaines de mammifères, d'insectes et d'oiseaux sur Terre. Sans cette diversité, la vie ne pourrait pas exister.

Les dinosaures étaient eux-mêmes le reflet de
20 cette diversité. Certains étaient immenses, hauts comme un immeuble de six étages. Ils étaient très lourds et leurs pas devaient faire vibrer énormément le sol! D'autres n'étaient pas plus gros qu'une poule et se faufilaient partout.

Le tableau suivant te donne une idée des différences qui pouvaient
25 exister entre eux.

Espèce de dinosaure	Taille	Poids	Alimentation
Brachiosaurus	23 mètres	38 000 kg	herbivore
Compsognathus	1 mètre	2,5 kg	carnivore et insectivore
Stegoceras	2 mètres	55 kg	herbivore
Tyrannosaurus	13 mètres	7 000 kg	carnivore

Mais les dinosaures avaient tous un point en
commun : ils étaient ovipares, c'est-à-dire
que tous leurs petits naissaient
dans des œufs.

30 Aussi différents qu'ils aient pu être,
les dinosaures n'ont pas pu éviter
le cycle normal de la vie. Ils ont vécu
un certain temps, puis ils ont disparu, laissant ainsi
leur place à de nouvelles espèces. Il y a toujours
35 eu sur la planète une modification graduelle des
êtres vivants, un processus qui s'appelle « l'évolution ».

▲ Des dinosaures de toutes les tailles

4
Entre les lignes 30 et 36,
souligne le groupe de mots
important qui explique ce
qu'est l'évolution.

Le texte informatif

- **Les composantes du texte**
  - Le **titre** annonce le sujet central du texte.
  - L'**introduction** donne un aperçu du contenu du texte.
  - Le **développement** contient les informations.

- **Le développement**
  - Dans le développement, les informations sont regroupées par **aspects**.
  - Les aspects, ce sont les **parties** du sujet.
  - Les **intertitres** présentent chacun des aspects.

1 Nomme les deux aspects présentés dans le texte.

_____

_____

2 Combien de nouvelles sortes de dinosaures les scientifiques découvrent-ils en moyenne chaque année?

_____

3 Pendant combien de temps les dinosaures ont-ils peuplé la Terre?

_____

4 À quelle classe d'animaux appartenaient les dinosaures?

_____

5 Nomme trois animaux qui vivaient sur Terre en même temps que les dinosaures.

_____   _____   _____

6 Que veut dire le mot _ovipare_?

_____

7 Replace les informations suivantes dans le tableau.

- 23 mètres
- carnivore
- 7 000 kg
- 13 mètres
- herbivore
- 38 000 kg

	Brachiosaurus	**Tyrannosaurus**
Poids	_____	_____
Taille	_____	_____
Alimentation	_____	_____

8 Écris deux questions que tu te poses encore sur les dinosaures.

_____

_____

🐾 Je fais de la grammaire

La phrase interrogative

- Toutes les phrases interrogatives se terminent par un **point d'interrogation**. Plusieurs commencent par un **mot interrogatif**.

Mots interrogatifs	Exemples
Est-ce que	Est-ce que tu aimes les dinosaures ?
Qui est-ce qui	Qui est-ce qui peut m'aider ?
Qu'est-ce que	Qu'est-ce que nous faisons ici ?
Qu'est-ce qui	Qu'est-ce qui se passe ?
Combien	Combien serons-nous ?
Combien de	Combien de temps resterons-nous ?
Comment	Comment vas-tu aujourd'hui ?
Où	Où avez-vous trouvé cet os ?
Pourquoi	Pourquoi viens-tu ici ?
Quand	Quand reviendras-tu ?
Que	Que fais-tu ?
Qui	Qui viendra nous visiter ?
Quoi	Quoi dire ?
Quel / Quelle	Quel est ton nom ? / Quelle nourriture préfère-t-il ?
Quels / Quelles	Quels dinosaures aimes-tu ? / Quelles griffes peuvent laisser ces traces ?

Remarque Le mot interrogatif *quel* appartient à la classe des déterminants. Il prend le genre et le nombre du nom qu'il accompagne.

---

1 Dans l'introduction du texte *Le monde fascinant des dinosaures*, **souligne** les phrases interrogatives.

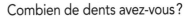
Combien de dents avez-vous ?

- Écris quatre questions que tu te poses encore sur les dinosaures. Tente ensuite de trouver leur réponse : questionne tes camarades de classe, fouille dans un ouvrage de référence ou cherche dans Internet.

2 **Complète** les phrases interrogatives suivantes. **Ajoute** le bon mot interrogatif et un point d'interrogation. Tu apprendras des choses sur le tyrannosaure.

- combien
- combien de
- comment
- où
- quand
- quelle
- qui

1. _____ était le plus grand dinosaure carnivore ____

   Le *Tyrannosaurus rex*.

2. _____ vivait-il ____

   En Amérique du Nord, en Chine et en Mongolie.

3. _____ vitesse pouvait-il atteindre ____

   La vitesse de 25 kilomètres à l'heure.

4. _____ pesait le *Tyrannosaurus rex* ____

   Près de 7 000 kilogrammes.

5. _____ se déplaçait-il ____ Sur ses pattes arrière.

6. _____ dents avait-il ____ Environ 60.

7. _____ le tyrannosaure a-t-il vécu ____

   Il y a environ 65 millions d'années.

3 a) **Ajoute** le mot *quel* dans chaque phrase. **Écris** le genre et le nombre au-dessus de chaque nom qu'il accompagne.

b) **Accorde** chaque mot *quel*.

1. _____ dinosaure préfères-tu?

2. _____ nourriture mange-t-il?

3. _____ livres as-tu lus pour dénicher ces informations?

4. _____ longueur avait sa queue?

5. _____ revues as-tu consultées pour trouver tes images?

J'orthographie

- Certains mots s'écrivent toujours de la même manière. Ils ne s'accordent pas et ne se conjuguent pas.

- On appelle ces mots des mots invariables.

Mots invariables	Exemples
ne (n')… pas	Je n'aime pas les dinosaures. Ils n'aiment pas les dinosaures.
ne (n')… jamais	Je n'ai jamais vu de dinosaure. Vous n'avez jamais vu de dinosaure.
rapidement	Le tyrannosaure marche rapidement. Les tyrannosaures marchent rapidement.
absolument	Tu dois absolument voir ce squelette. Vous devez absolument voir ce squelette.

a) **Écris** un mot invariable qui appartient à la même famille de mots que les mots suivants. Au besoin, **consulte** la liste de mots de la semaine à la page 136.

1. absolue : _____

2. exact : _____

3. douce : _____

4. égal : _____

5. rapide : _____

6. complet : _____

7. facile : _____

8. évident : _____

9. seul : _____

10. juste : _____

11. heureux : _____

12. parfait : _____

13. malheureux : _____

14. sûr : _____

15. simple : _____

16. final : _____

b) **Écris** le groupe de lettres qui est présent dans tous les mots. _____

 # Je conjugue

	Aimer	**Marcher**	**Jouer**
1re p. s.	j' aimerais	je marcherais	je jouerais
2e p. s.	tu aimerais	tu marcherais	tu jouerais
3e p. s.	il/elle/on aimerait	il/elle/on marcherait	il/elle/on jouerait
1re p. pl.	nous aimerions	nous marcherions	nous jouerions
2e p. pl.	vous aimeriez	vous marcheriez	vous joueriez
3e p. pl.	ils/elles aimeraient	ils/elles marcheraient	ils/elles joueraient

1 **Conjugue** les verbes suivants au conditionnel présent de l'indicatif.

1. explorer (1re p. pl.) : _____

2. fouiller (2e p. s.) : _____

3. dévorer (2e p. pl.) : _____

4. mesurer (3e p. s.) : _____

5. préférer (3e p. pl.) : _____

6. chercher (1re p. s.) : _____

2 **Conjugue** les verbes entre parenthèses au conditionnel présent de l'indicatif.

Si j'étais un vélociraptor, je ne (voler) _____ pas.

Je (marcher) _____ tranquillement pour trouver mes proies.

Elles (rester) _____ figées sur place en me voyant.

Nous (agiter) _____ nos pattes pour signifier notre force.

Tu (aider) m' _____ à attraper notre proie.

 **Je lis**

▶ Lis le texte suivant. Tu assisteras à la découverte des deux frères Robin et Lucas au parc.

Stratégie ③
Je cherche les mots importants dans la phrase.

L'INCROYABLE DÉCOUVERTE

Robin et son frère Lucas passent leur temps à se quereller pour tout et pour rien. Pour un but chanceux, pour un ballon lancé dans la rue, pour une poignée de bonbons. Il y a toujours une bonne raison.

③ Dans la première phrase, souligne les mots importants qui décrivent la relation entre les deux frères.

5   Le grand Robin Je-sais-tout et le petit Lucas Peur-de-rien sont tout le temps en compétition. Robin conduit son vélo sans les mains ? Lucas monte debout sur le sien !

10   Robin réussit un plongeon à la piscine du quartier ? Lucas saute dans l'eau tout habillé !

Qui sera le plus coriace ? Le grand frère aux cheveux bien coupés ou le
15   petit à la tignasse ébouriffée ? Rien ne les arrête. Rien ne les sépare non plus. À part les heures de classe.

Mais dès que l'école est terminée, ils se retrouvent pour se mesurer à nouveau. Leurs parents ont beau chercher des solutions, les menacer des pires châtiments, il n'y a rien à faire.

Châtiment
Punition.

20   — On vous enverra à l'école militaire !
— Pfft ! On s'en fiche, on jettera tout par terre ! répondent les deux frères.
— Vous vous coucherez de bonne heure !
— Ça ne nous fait pas peur !
25   — Privés de télé et d'ordinateur, alors !
— Tant pis ! On ira jouer dehors !

Et, comme tous les soirs après le repas, Robin et Lucas bondissent hors de la maison et courent jusqu'au parc. Ils se poursuivent autour des arbres comme deux écureuils énervés, faisant fuir les gens

30 par leurs cris et leurs débordements.

Débordements
Excès.

Ils ne le savent pas encore, mais, bientôt, quelque chose d'incroyable, de parfaitement inattendu, va se produire. Un événement capable de donner le frisson à deux terreurs comme Robin et Lucas.

Pour l'instant, ils se sont bien dépensés en bousculades et en jeux.

35 Ils sont un peu calmés. Le soleil est sur le point de se coucher, le parc se vide. Les deux frères se dirigent vers les balançoires.

Lucas aperçoit soudain sous l'une des balançoires un drôle de truc pointu qui émerge du sol.

40   — Robin, viens voir! On dirait une corne de rhinocéros!
    — Une corne de quoi? Tu te moques de moi?

Robin s'approche. L'objet est
45 très intrigant. Il est aussi blanc et lisse qu'un os, aussi dur que la pierre. Ils tentent tous les deux de le déraciner en le tirant, en le secouant, en s'appuyant
50 dessus. Impossible. La corne est profondément enfouie.

Alors, avec les doigts, ils se mettent à gratter, puis à balayer la terre autour. Leurs mains deviennent sales, leurs ongles tout noirs. C'est ardu, ils ronchonnent et s'essoufflent, mais ils sont trop curieux pour s'arrêter.
55 Ils creusent et creusent encore.

Au bout d'une vingtaine de minutes, leurs efforts sont récompensés. Ils réussissent à sortir de terre la chose la plus formidable, la plus extraordinaire qu'ils pouvaient imaginer.

Un crâne de dinosaure!

60 C'est un crâne énorme, gris et rugueux, avec deux trous **béants** à la place des yeux. Les garçons déposent leur découverte sur le sol, à côté du trou, et l'observent un moment.

— C'est une tête de tyrannosaure, affirme le grand Robin,
65 un peu impressionné tout de même.

— Pas du tout, réplique Lucas en s'essuyant les mains sur son pantalon. C'est un stago… euh, un stégosaure.

— Mais non, les stégosaures n'ont pas de corne. C'est un… Ah oui ! je sais : un styracosaure ! Je l'ai vu dans mes livres. Je vais emporter le crâne
70 pour vérifier.

— Pas question, c'est moi qui m'en occupe ! C'est moi qui l'ai vu le premier.

— Je suis le plus vieux, je m'y connais plus, tranche Robin. Allez, pousse-toi !

75 Il bouscule son frère qui manque de tomber dans le trou. Lucas se redresse et fonce tête baissée sur Robin.

Et les deux frères recommencent à se battre. Agrippés l'un à l'autre, ils se roulent dans le sable, se séparent, puis s'attrapent de nouveau. Ils sont partis pour s'affronter ainsi jusqu'au petit jour, lorsque soudain la terre se met
80 à trembler. Une grosse secousse leur fait perdre l'équilibre.

Robin et Lucas n'osent plus bouger. L'un à quatre pattes, l'autre sur le derrière, ils attendent la suite, éberlués.

Lentement, l'herbe autour du trou se soulève, les grands arbres situés tout près s'inclinent et tombent. Et là, dans la pénombre inquiétante du parc,
85 surgit un monstre énorme, hallucinant. Un gigantesque squelette de dinosaure sans tête se dresse devant eux!

Le monstre s'étire et, tout à coup, s'immobilise. Il se palpe les os du cou et des épaules puis se penche et tâtonne le sol autour de lui.

— Il… il cherche sa tête, chuchote
90 Lucas en avalant de travers.

Le monstre trouve enfin son crâne, se redresse et se le visse sur le cou. Il le tourne à droite, à gauche et s'arrête devant les deux petits
95 humains figés à ses pieds. Il se penche de nouveau, si près des deux frères que les pauvres garçons sentent sur leur visage son souffle froid et puant.

100 Ils auraient dû se sauver, mais la terreur les a transformés en statues. Même Lucas, qui d'habitude n'a peur de rien, reste immobile, les yeux ronds.

105 Le dinosaure observe les enfants quelques secondes. Puis, d'un geste prompt, il les agrippe et les soulève haut, très haut, à dix mètres du sol au moins. Entre ses grosses pattes d'os, les frères ont l'air de misérables chenilles.

Prompt
Qui se produit en peu de temps, rapide.

Cette fois, Robin et Lucas se mettent à hurler, à se tortiller,
110 mais personne ne peut les voir ou les entendre. Le parc est désert.

Caroline Merola, *Le monstre sous la balançoire*
© Les Éditions de la courte échelle, 2010, p. 7 à 19.

1 D'après toi, Lucas et Robin s'entendent-ils bien ? **Explique** ta réponse.

_____

_____

2 a) À quel moment de la journée Lucas et Robin font-ils leur découverte ?

_____

b) **Souligne** un passage du texte pour prouver ta réponse.

3 a) Que déterrent les deux frères sous la balançoire ?

_____

b) De combien de temps ont-ils besoin pour déterrer cette découverte ?

_____

4 Entre les lignes 5 et 16 du texte, **souligne** les phrases interrogatives.

5 Que veut dire l'expression « la terreur les a transformés en statues », à la ligne 101 ?

_____

_____

6 Pourquoi personne ne peut entendre ni voir les frères à la fin de l'histoire ?

_____

7 D'après toi, pourquoi le dinosaure s'en prend aux deux frères ?

_____

_____

8 Que ferais-tu si tu te retrouvais entre les pattes d'un dinosaure ?

_____

_____

🐾 Je fais de la grammaire

La phrase interrogative amenant une réponse en *oui* ou *non*

- Il y a deux manières de construire des phrases interrogatives auxquelles on répond par *oui* ou par *non*.
  - **Première manière :** Ajouter *Est-ce que* (ou *Est-ce qu'*) au début d'une phrase déclarative. Mettre un point d'interrogation à la fin de la phrase.

Phrases déclaratives	Phrases interrogatives
Tu cherches un dinosaure. Il doit t'aider.	**Est-ce que** tu cherches un dinosaure ? **Est-ce qu'**il doit t'aider ?

  - **Deuxième manière :** Déplacer le pronom-sujet après le **verbe** et mettre un **trait d'union** entre les deux. Mettre un point d'interrogation à la fin de la phrase.

Phrase déclarative	Phrase interrogative
Tu **cherches** un dinosaure.	**Cherches**-tu un dinosaure ?

1 **Souligne** les éléments qui te permettent de dire que les phrases suivantes sont des phrases interrogatives.

1. Est-ce que tu cherches un dinosaure ?

2. Déterres-tu un fossile ?

3. Utilises-tu des outils spéciaux ?

4. Termineras-tu bientôt tes recherches ?

5. Est-ce que c'est un fossile de brachiosaure ?

6. As-tu trouvé des dents ?

7. Sont-elles encore pointues ?

- Prépare un petit test sur les dinosaures. À l'aide du texte que tu as lu, écris trois questions sur le sujet qui amènent une réponse en *oui* ou *non*. Pose-les à tes camarades pour trouver qui connaît le mieux les dinosaures.

2 Ajoute *Est-ce que* devant les phrases suivantes pour les transformer en phrases interrogatives. **Utilise** le bon signe de ponctuation.

1. Tu aimes les dinosaures.

_____

2. Tu collectionnes les fossiles de tyrannosaure.

_____

3. Cet animal est très fort.

_____

4. Il a de puissantes griffes.

_____

3 Déplace le pronom-sujet après le verbe pour transformer les phrases suivantes en phrases interrogatives. **Utilise** le bon signe de ponctuation.

1. Nous regardons un livre de dinosaures.

_____

2. Nous apprenons plusieurs informations sur les dinosaures.

_____

3. Ils ont vécu plusieurs millions d'années.

_____

4. Ils avaient une peau à écailles.

_____

4 Écris cinq questions que tu aimerais poser à un spécialiste des tyrannosaures. **Utilise** les mots interrogatifs suivants.

1. Combien de _____

2. Quand _____

3. Que _____

4. Où _____

5. Est-ce que _____

 **Je conjugue**

Les verbes en *-ir* comme *finir* au conditionnel présent de l'indicatif

	Finir	**Bondir**	**Grandir**
1re p. s.	je finirais	je bondirais	je grandirais
2e p. s.	tu finirais	tu bondirais	tu grandirais
3e p. s.	il/elle/on finirait	il/elle/on bondirait	il/elle/on grandirait
1re p. pl.	nous finirions	nous bondirions	nous grandirions
2e p. pl.	vous finiriez	vous bondiriez	vous grandiriez
3e p. pl.	ils/elles finiraient	ils/elles bondiraient	ils/elles grandiraient

1 **Conjugue** les verbes suivants au conditionnel présent de l'indicatif.

1. choisir (3e p. s.) : _____

2. réussir (2e p. pl.) : _____

3. grandir (3e p. pl.) : _____

4. refroidir (2e p. pl.) : _____

5. gravir (2e p. s.) : _____

6. vieillir (3e p. pl.) : _____

7. unir (1re p. s.) : _____

8. envahir (1re p. pl.) : _____

2 **Conjugue** les verbes entre parenthèses au conditionnel présent de l'indicatif.

Aujourd'hui, nous allons en sortie. Si je pouvais décider,

je (choisir) _____ de visiter le musée d'archéologie.

Si tu écoutais plus en classe, tu (bondir) _____ sur l'occasion,

toi aussi. Avec un peu de temps, tu (réussir) _____ peut-être

à apprécier la visite. Nous (envahir) _____ la galerie

des fossiles si nous pouvions nous promener partout dans le musée.

J'orthographie

Place les mots de la semaine au bon endroit.

- amitié
- domestique
- électrique
- époque
- équipe
- fermé
- marquer
- préféré
- puisque
- quelque chose
- quoi
- réalité
- réplique
- tandis que
- unique
- vérité

Mots qui se terminent par les trois mêmes lettres.	Mots qui se terminent par le son $é$.	Mot qui désigne un regroupement de personnes.
_____ _____ _____ _____ _____	_____ _____ _____ _____ _____	_____
		Mot qui signifie « une chose, n'importe laquelle ». _____
	Mot de quatre lettres. _____	Groupe de mots composé de deux mots. _____

J'écris

Une découverte historique

▶ **En jouant au parc, tu trébuches sur ce qui semble être une roche. Tu veux l'enlever du terrain, mais tu découvres que c'est un os de dinosaure. Que fais-tu avec ta découverte ? Écris un court texte pour l'expliquer.**

- Commence ton texte avec la phrase suivante :
  Si je découvrais un os de dinosaure, je…
- Écris quatre autres phrases. Utilise des verbes au conditionnel présent de l'indicatif.

Je lis

▶ Lis le texte suivant. Tu feras des découvertes archéologiques surprenantes.

Stratégie 7
Je repère les mots de substitution.

Des découvertes extraordinaires

En archéologie, ce n'est pas la taille d'un objet qui fait son importance : un minuscule morceau de poterie peut être riche d'enseignements sur notre passé. Et heureusement, car les grandes découvertes sont rares. Mais il y en a eu. En voici quelques-unes…

Lucy, une lointaine cousine

5 Le 24 novembre 1974, des chercheurs découvrent en Afrique de l'Est un squelette de cinquante-deux os. Ils le prénomment Lucy. Mais à qui appartient-il ?

Observe le mot souligné. Entoure les mots qu'il remplace.

Qui était Lucy ?

Les os retrouvés montrent que Lucy était un primate. Les primates sont des mammifères dont les mains sont capables de saisir des objets. Les singes
10 et les hommes en font partie. Lucy mesurait 1 mètre 20, pesait environ 25 kg, et est morte à 20 ans.

Lucy ou Lucien ?

D'après la largeur de ses hanches, Lucy était une femelle. D'après la forme des jambes et du dos, elle se tenait debout. Et d'après la longueur
15 des bras, elle devait aussi grimper aux arbres.

Ancêtre des hommes ?

Lucy est un australopithèque. Elle a vécu il y a 3,3 millions d'années. Les paléontologues ont un moment cru qu'elle était l'ancêtre des humains, la « grand-mère de l'humanité ».

▲ Une reconstitution de Lucy

D'où vient-on ?

20 Aujourd'hui, on sait que Lucy n'est qu'une cousine de nos lointains ancêtres. On a par ailleurs découvert des australopithèques bien plus vieux qu'elle. Mais elle reste importante car son squelette est le plus complet qu'on ait retrouvé.

La grotte de Lascaux, une incroyable trouvaille

Cette vache a été peinte par des hommes préhistoriques sur les parois
d'une grotte, dans le sud-ouest de la France. L'histoire de sa découverte
25 est miraculeuse…

◄ Une paroi de la
grotte de Lascaux

Une balade

Le 12 décembre 1940, quatre jeunes garçons du Périgord
se promènent avec leur chien dans la campagne, près
de Montignac. Soudain, l'animal s'engouffre dans un trou.
Les enfants le suivent et pénètrent dans une grotte.

Périgord
Région du sud-
ouest de la France.

La grotte

30 Sur les parois, les garçons observent, à la lueur d'une torche, des peintures de
chevaux, de vaches, de cerfs, de félins. Elles ont été peintes par des hommes
de Cro-Magnon, il y a 17 000 ans…

Danger !

C'est une fabuleuse découverte. Rapidement, de nombreux touristes viennent
visiter la grotte. Mais l'humidité de l'air et le gaz carbonique de leur
35 respiration endommagent gravement les peintures.

Le sauvetage

Pour sauver la grotte, les autorités la ferment au public.
Une copie grandeur nature est fabriquée, avec presque tous
les dessins. En la parcourant, les visiteurs ont l'impression
d'être dans la vraie grotte.

⑦ Observe le
mot souligné.
Entoure les mots
qu'il remplace.

Pompéi, vie et mort d'une cité

40 Des rues, des maisons, des murs décorés… À Pompéi, les archéologues ont
découvert une ville vieille de près de 2 000 ans, presque intacte. Ici, le temps
semble s'être arrêté.

Il était une fois un monde… 81

Une ville paisible

En l'an 79, des milliers de Romains vivaient à Pompéi, au sud de l'Italie. Cette ville prospère abritait des temples, des théâtres, des bains publics, des arènes, une caserne de gladiateurs. Quand soudain…

L'explosion du Vésuve

Dans l'après-midi du 24 août 79, le volcan voisin explosa. Certains s'enfuirent, d'autres moururent asphyxiés. La ville fut entièrement noyée sous une couche de cendres de plusieurs mètres.

> **Asphyxie**
> Manque d'oxygène.

La redécouverte

Pendant dix-huit siècles, les Italiens oublièrent l'existence de Pompéi. Puis, à partir de 1748, sous les coups de pelle d'ouvriers, des rues, des maisons, des temples apparurent soudain. La cité enfouie refaisait surface.

> Observe les mots soulignés. Entoure le mot qu'ils remplacent.

Aujourd'hui

À ce jour, un tiers de la ville est encore sous les cendres. Mais les parties déjà fouillées ont permis aux archéologues de mieux comprendre la vie quotidienne au temps des Romains.

Peter Allen et Philippe Nessmann, *L'archéologie*,
© Mango Jeunesse, 2008, coll. « Maxi Kézako »,
p. 69-71 et 78-79.

▲ Des ruines de Pompéi

Les mots de substitution

- Pour éviter les répétitions dans un texte, on peut remplacer un mot ou un groupe de mots par un pronom ou par un autre groupe du nom. On utilise alors des **mots de substitution**.

- On repère les mots de substitution pour comprendre un texte. On se demande ce qu'elles remplacent.

  Ex. : [Les habitants de la ville] ont presque tous péri lors de cet événement. **Ils** ont été enterrés sous les cendres du volcan. **Ces êtres humains** ont vu leur vie s'arrêter de façon tragique.

1 Dans le texte, **entoure** les sous-titres et **souligne** les intertitres.

2 **Remplis** le tableau suivant avec des informations concernant Lucy.

Taille	Âge	Poids

3 a) Qu'est-ce qu'un primate?

_____

b) **Note** deux exemples de primate que tu trouves dans le texte.

_____

4 Pourquoi une copie grandeur nature de la grotte de Lascaux a-t-elle été construite?

_____

_____

5 Pourquoi la ville de Pompéi a-t-elle été oubliée?

_____

6 Quelle portion de la ville de Pompéi a-t-on fouillée?

_____

7 **Place** ces découvertes archéologiques sur la ligne du temps.

• Lucy   • Pompéi   • La grotte de Lascaux

1700   1750   1800   1850   1900   1950   2000

8 **Note** une question que tu te poses encore sur un de ces sujets.

_____

🐾 Je fais de la grammaire

La phrase à plus d'un verbe conjugué

- Une phrase peut avoir plus d'un **verbe conjugué**.

- La phrase à plus d'un **verbe conjugué** contient souvent des **mots** comme *quand*, *lorsque*, *parce que*, *si*, *que* et *qui*.
  Ex. : Cette découverte **serait** enrichissante, si les gens **pouvaient** la visiter.
  Quand les archéologues **font** une découverte, ils **sont** contents.
  Les visiteurs **endommagent** les peintures lorsqu'ils les **touchent**.
  J'**étudie** tous les fossiles que je **trouve**.

- La phrase à plus d'un **verbe conjugué** commence par une lettre majuscule et se termine par un point.
  Ex. : J'**étudie** tous les fossiles que je **trouve**.

---

1 a) **Souligne** les deux verbes conjugués dans chacune des phrases suivantes.

b) **Entoure** les majuscules et les points.

1. J'aime les musées **parce que** j'y apprends plein de nouvelles choses.

2. Ma soeur photographie tous les objets **lorsqu'**elle m'accompagne.

3. **Si** je vois un fossile, je m'approche pour l'observer.

4. Personne ne doit y toucher **parce qu'**on pourrait l'endommager.

5. **Quand** j'aperçois un guide, je lui pose toutes mes questions.

6. Je cherche dans un livre, **s'**il ne connaît pas une réponse.

7. J'apprends souvent des faits intéressants **que** j'ignorais.

8. **Lorsque** je serai grand, j'aimerais être un archéologue.

2 Entre les lignes 5 et 11 du texte *Des découvertes extraordinaires*, **souligne** les trois phrases à plus d'un verbe conjugué. **Entoure** les verbes conjugués dans ces phrases.

3 a) **Complète** les phrases suivantes afin d'avoir deux verbes conjugués.

b) **Souligne** les deux verbes conjugués.

c) **Entoure** la majuscule et le point.

1. J'aime **quand** _____

2. Je souhaite **que** _____

3. Tu partirais en courant **si** _____

4. Nous avons peur **parce que** _____

5. J'adore les animaux **qui** _____

6. **Lorsque** nous allons au parc, _____

4 a) **Forme** quatre phrases. **Associe** deux étiquettes à la fois.

b) **Souligne** les verbes conjugués.

s'ils découvrent un morceau d'objet,	l'archéologie est une science
parce qu'ils veulent faire des découvertes	ils fouillent le sol
qui s'intéressent au passé	qui aide à reconstituer l'histoire
les archéologues sont des scientifiques	ils continuent leurs fouilles

1. _____

_____

2. _____

_____

3. _____

_____

4. _____

_____

🐾 J'orthographie

- Une **lettre muette** est une lettre qu'on écrit, mais qu'on ne prononce pas en lisant le mot.

  Ex.: Dans *chaud*, on ne prononce pas la lettre *d*. C'est une lettre muette.

- Voici les principales utilités des lettres muettes.

Utilités	Exemples
La **lettre muette** aide à faire un lien avec des mots de la même famille.	• gris : grise, grisâtre • bord : bordure, border
Le *e* **muet** marque le féminin de certains mots.	• amie • professeure
Une **lettre muette** marque le pluriel de certains mots.	• fossiles • bijoux
La ou les **lettres muettes** marquent la personne de certains verbes.	• Tu fouilles. [Le *s* marque la 2e p. s.] • Ils déterrent. [Le *ent* marque la 3e p. pl.] • Elle finit. [Le *t* marque la 3e p. s.]

▶ **Classe** les mots de la semaine selon leur lettre muette.

- bond
- continent
- début
- départ
- désert
- froid
- front
- hasard
- nu
- poursuivre
- quart
- surprendre
- toit
- univers
- vendre

1. Mots avec un *t* muet : _____

_____

2. Mot avec un *s* muet : _____

3. Mots avec un *d* muet : _____

4. Mots sans lettre muette : _____

Futé

- Pour chaque mot de l'exercice qui contient une lettre muette, trouve un mot de la même famille.

🐾 Je conjugue

Avoir, être et *aller* au conditionnel présent de l'indicatif

	Avoir	Être	Aller
1re p. s.	j' aurais	je serais	j' irais
2e p. s.	tu aurais	tu serais	tu irais
3e p. s.	il/elle/on aurait	il/elle/on serait	il/elle/on irait
1re p. pl.	nous aurions	nous serions	nous irions
2e p. pl.	vous auriez	vous seriez	vous iriez
3e p. pl.	ils/elles auraient	ils/elles seraient	ils/elles iraient

1 **Conjugue** les verbes suivants au conditionnel présent de l'indicatif.

1. être (2e p. pl.) : _____

2. avoir (1re p. pl.) : _____

3. avoir (1re p. s.) : _____

4. aller (3e p. s.) : _____

5. avoir (3e p. pl.) : _____

6. aller (3e p. pl.) : _____

7. être (2e p. s.) : _____

8. aller (2e p. pl.) : _____

9. être (1re p. s.) : _____

10. aller (2e p. s.) : _____

2 **Conjugue** les verbes entre parenthèses au conditionnel présent de l'indicatif.

1. Si nous vivions à l'époque des hommes de Cro-Magnon,

   j'(aller) _____ me réchauffer près d'un feu.

2. Tu (avoir) _____ un mammouth comme animal de compagnie.

3. Nous (être) _____ aussi poilus qu'un ours.

4. Après un repas, vous n'(avoir) _____ pas à brosser vos dents.

5. Il n'y (avoir) _____ pas d'électricité dans nos maisons.

6. Il (être) _____ impossible d'acheter des objets.

7. Nous n'(aller) _____ pas à l'école.

Il était une fois un monde...

🐾 Je lis

▶ Lis le texte suivant. Tu découvriras l'histoire de la ville natale d'un grand-père chinois.

L'armée d'outre-tombe

> *Le grand-père de Vincent, monsieur Wei, vient de Lintong, un petit village près de Xi'an en Chine. Vincent et son ami ont la chance de l'écouter raconter l'histoire qui a rendu célèbre la ville de Xi'an.*

Monsieur Wei termine sa tasse de thé avant de reprendre son récit. Ses yeux brillent et Vincent comprend que son grand-père s'apprête à raconter l'un des épisodes les plus importants de sa vie.

5 — Jusqu'en 1974, on savait que Qin Shi Huangdi avait fait édifier des palais et un tombeau pas très loin de la ville de Xi'an. Mais on avait retrouvé très peu d'objets… Jusqu'à la découverte de cette grande statue dans le champ.

— Et après, que s'est-il passé? demande Vincent.

— La découverte a été signalée aux autorités.

— C'est comme ça que votre village est devenu célèbre?

10 — Il a fallu quelques semaines de plus, le temps qu'une équipe d'archéologues arrive à Lintong. Alors tout le monde s'est mis à en parler.

— Pourquoi?

Galerie
Passage enterré ou souterrain.

— Parce que, en fouillant la galerie, les spécialistes ont sorti des dizaines et
15 des dizaines de statues.

> Entre les lignes 13 et 15, souligne les mots importants qui décrivent la situation.

— D'autres soldats? s'étonne Vincent.

— Toute une armée, même! Des fantassins, des cavaliers, des généraux, des arbalétriers! C'était une découverte aussi importante pour la Chine que celle du tombeau de Toutankhamon pour l'Égypte!

— Mais il n'y avait pas d'or, ni de trône, ni de pierres précieuses?

— Non, mais un vrai trésor tout de même : sept mille soldats de taille humaine, extraordinairement bien conservés, tous bien rangés en ordre de bataille. Il a fallu plusieurs années de fouilles pour les faire apparaître au grand jour.

Vincent écarquille les yeux.

— Sept mille? Vous êtes sûr?

— Peut-être même huit ou dix mille. On a découvert plusieurs fosses au fur et à mesure… Des milliers de soldats plus grands que nature. Chacun pesait près de trois cents kilos! Et ils étaient tous différents : on pouvait reconnaître les soldats à leur petit chignon et les officiers à leur coiffure élaborée ; les armures, elles, permettaient de distinguer le grade de chacun. Les guerriers portaient de vraies armes en bronze. Il y avait aussi des chars de guerre et plusieurs centaines de chevaux.

— Que faisaient-ils enterrés là?

— Ils se tenaient debout et rangés en ordre de bataille, prêts à accompagner leur empereur dans l'au-delà. Exactement comme les pharaons d'Égypte, Qin Shi Huangdi pensait qu'il aurait besoin de son armée, même après sa mort, pour assurer sa protection.

— Et après la mort de l'empereur, que s'est-il passé?

Il était une fois un monde…

— Eh bien, son fils lui a succédé, mais c'était un incapable. Qin Shi
40 Huangdi avait construit un empire fait pour durer des milliers de générations.
En fait, la dynastie des Qin a régné moins de quinze ans.

— C'est un peu triste.

— D'autres dynasties lui ont succédé
pendant des siècles. Qin Shi Huangdi
45 a régné sur la Chine avec une
poigne de fer... mais il a fait
l'unité du pays.

Les deux garçons se
taisent. Vincent tente d'imaginer
50 le grand empereur cruel qui a
su se construire un pays aussi
vaste. Il songe à ces milliers
de statues debout dans
des tranchées. Une armée
55 entière ! Vincent a le vertige.

— Ces soldats, qui les a fabriqués ?

3

Entre les lignes 56 et 60, souligne les mots importants qui expliquent qui a fabriqué les soldats.

— Pendant plus de vingt ans, plusieurs centaines de
potiers et d'armuriers ont travaillé pour leur empereur, et
même après sa mort ! C'est ainsi qu'ils ont réalisé cette
60 armée de terre cuite appelée « l'armée d'outre-tombe ».

— Et aujourd'hui, il est devenu quoi, ce trésor ?

— Les fosses pleines de statues ont été aménagées pour devenir
un immense musée, visité par d'innombrables touristes.

Anne Vantal, *Le premier empereur chinois*
© Les Éditions Oskar jeunesse, 2009, p. 23-28.

🐾 Je fais de la grammaire

La phrase sans verbe conjugué

- Certaines phrases ne contiennent pas de verbe conjugué. Ce sont, par exemple, des phrases formées d'un groupe du nom suivi d'un **point d'exclamation**.

  Ex. : Attention ! Site dangereux !   Quelle belle statue !

1 **Coche** la case s'il s'agit d'une phrase sans verbe conjugué.

1. L'empereur est une personne puissante. ☐

2. Il porte de beaux habits. ☐

3. Quels beaux souliers ! ☐

4. Soldats, écoutez-moi ! ☐

5. Attention ! Armée puissante ! ☐

2 Entre les lignes 17 et 25 du texte *L'armée d'outre-tombe*, **entoure** les trois phrases sans verbe conjugué.

3 **Complète** le texte suivant. **Ajoute** les phrases sans verbe conjugué de la liste.

- Danger !   • Surprise !   • Pourquoi ?   • Quelle merveille !

Anna et son frère Mathias visitent un musée. Ils ont pratiquement terminé

leur visite quand ils aperçoivent une pancarte bloquant l'accès à une porte.

_____

Malgré tout, ils décident d'entrer. Ils arrivent devant un escalier.

— Nous ne devrions pas descendre, dit Anna.

— _____

Mathias est convaincu qu'il faut continuer. Anna hésite.

Mathias prend l'escalier le premier, suivi de sa sœur. _____

Arrivés en bas, ils voient une salle remplie de statues dorées.

_____

Les locutions

- Certains mots s'assemblent pour former des **locutions**.

  Ex.: Avoir le cœur sur la main.

- Chaque locution a un sens. Ce sens est différent du sens propre de chacun des mots qui forment la locution.

  Ex.: *Avoir le cœur sur la main* signifie «être généreux».

  (Cette locution ne signifie pas «avoir le muscle cardiaque sur sa main».)

  Remarque On trouve le sens des locutions dans le dictionnaire. Par exemple, le sens de la locution *Avoir le cœur sur la main* se trouve sous l'entrée *cœur*.

4 **Trouve** une locution pour chacun des mots suivants dans un dictionnaire.

1. doigts

   Locution : _____

   Définition : _____

2. tête

   Locution : _____

   Définition : _____

3. pied

   Locution : _____

   Définition : _____

4. main

   Locution : _____

   Définition : _____

F u t é

- Beaucoup de locutions utilisent des parties du corps. Trouve une locution pour chacun des mots suivants : *cœur, yeux, cheveux, nez* et *bras*. Aide-toi de ton dictionnaire.

✿ Je fais de la grammaire

Je révise mes accords !

1 a) **Mets entre crochets** les groupes du nom.

b) **Vérifie** les accords dans chaque GN. **Corrige**-les au besoin.

La grande muraille de Chine est une immense construction humaine .

Elle est longue de plus de 6 000 kilomètre . Sa largeur

est d' environ six mètre . Elle est construite avec

des gros pierre , des matière naturel . La grand muraille est

un attrait touristique populaire . Plusieurs touriste curieux

la visitent tous les an .

2 **Conjugue** les verbes entre parenthèses au présent de l'indicatif.
Laisse des traces de ta démarche, comme dans l'exemple suivant.

1re p. pl.

Nous (aller) *allons* au musée. Je (visiter) _____ l'exposition de

l'armée de terre cuite. Mes parents et moi, nous (entrer) _____

dans la pièce principale. Les statues (être) _____ nombreuses.

Elles (impressionner) _____ tous les visiteurs.

Chaque soldat (porter) _____ une arme différente.

Leurs habits anciens (resplendir) _____ sous les éclairages.

🐾 J'orthographie

1 a) **Écris** le féminin ou le masculin des mots de la semaine suivants.

b) **Entoure** les lettres muettes.

Masculin	Féminin
amusant	_____
_____	contente
grand	_____
_____	légère
prêt	_____
_____	profonde
secret	_____
_____	suivante
_____	soldate
vivant	_____

2 **Choisis** deux adjectifs parmi les suivants. **Écris** deux phrases avec ces adjectifs.

- double
- énorme
- sûr
- utile
- vide

1. _____

2. _____

J'écris

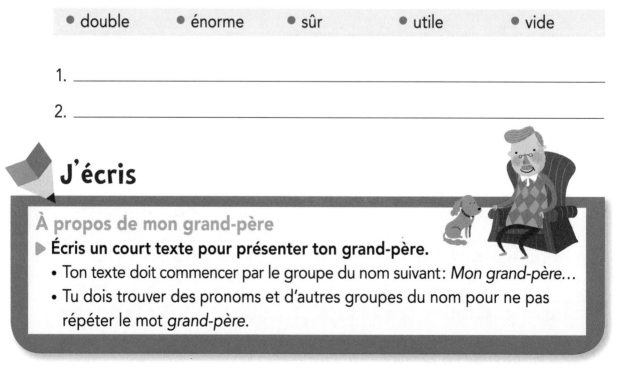

À propos de mon grand-père

▶ **Écris un court texte pour présenter ton grand-père.**

- Ton texte doit commencer par le groupe du nom suivant : *Mon grand-père…*
- Tu dois trouver des pronoms et d'autres groupes du nom pour ne pas répéter le mot *grand-père*.

1 **Complète** les phrases interrogatives suivantes avec le bon mot interrogatif.
Ajoute le point d'interrogation à la fin de la phrase.

| • combien de | • comment | • où | • quand | • quelle |

1. _____ statues avons-nous déterrées____

2. _____ taille avaient-elles____

3. _____ allons-nous les déplacer jusqu'au camion____

4. _____ allons-nous les ranger____

5. _____ pourrons-nous les exposer au musée____

2 a) **Déplace** le pronom-sujet après le verbe pour transformer
les phrases suivantes en phrases interrogatives.

b) **Mets** le bon signe de ponctuation.

1. Tu choisis la Chine comme sujet de recherche.

_____

2. Tu chercheras des informations sur Internet avec tes parents.

_____

3. Ils vont t'aider en allant avec toi à la bibliothèque.

_____

4. Tu bricoleras une affiche pour nous présenter ta recherche.

_____

3 **Complète** les phrases suivantes pour avoir deux verbes conjugués.

1. Je visite un musée **quand** _____

2. Nous nous amuserons **si** _____

3. **Lorsque** nous quittons le musée, _____

4. Nous sommes fatigués **parce que** _____

Une finale fossilisée !

Rafi a trouvé un papyrus égyptien qui indique comment pénétrer dans le tombeau du pharaon Rafinophis III. Aide-le à décoder ce message. Pour chaque réponse, note le pictogramme. Remplace-le par la lettre correspondante dans le tableau au bas de la page. Tu trouveras le message secret.

1 **Entoure** les verbes au conditionnel présent de l'indicatif.

1. tu aimerais
2. ils finiront
3. je fouillerais
4. vous irez
5. il déterre
6. vous grandiriez
7. ils désobéiraient
8. elle sera
9. vous chercherez
10. nous aurions
11. je finissais
12. tu creuserais

2 **Souligne** les phrases sans verbe conjugué.

1. Quel spectacle !
2. Accès interdit !
3. Un grand danger approche.
4. Attention à la marche !
5. Une porte va s'ouvrir.
6. Danger !

3 **Entoure** les mots qui contiennent une lettre muette.

1. bond
2. sable
3. parc
4. blanc
5. univers
6. hasard
7. actif
8. froide
9. continer
10. pharaon

4 **Utilise** la grille pour trouver le message secret.

a	b	c	d	e	f	g	h	i	j	k	l	m

n	o	p	q	r	s	t	u	v	w	x	y	z

Le message secret est : _____.

Eau! Quel trésor!

Lis le titre. Observe l'illustration.

- Nomme des trésors que l'on peut trouver sous l'eau.

- D'après toi, de quoi sera-t-il question dans ce thème?

À l'affût dans le thème

Qu'est-ce qu'un calligramme?

Dans ce thème, tu liras un extrait de roman et trois poèmes:

- *J'ai rêvé* d'Henriette Major;
- *Mission cachalot* de Lucia Cavezzali;

- *Un bateau sur la mer* et *La baleine* de Robert Soulières.

Tu te familiariseras avec trois stratégies de lecture. Tu composeras un court poème dans lequel tu décriras un animal, un objet ou une plante que l'on peut trouver dans la mer.

①

🐾 Je lis

▶ Lis le poème suivant. Tu apprécieras les comparaisons originales.

Stratégie ⑨

Je m'arrête. Je me demande de quoi on parle.

J'AI RÊVÉ

J'ai rêvé que j'étais dans l'eau
et me baignais.
Parmi les courants tropicaux,
je dérivais.
5   Bientôt, je devenais poisson
et je nageais ;
et puis j'étais poisson volant,
et je volais.
Voilà que j'étais poisson-chat
10   et ronronnais,
ensuite un poisson-perroquet
qui jacassait.
J'étais enfin un poisson-lune,
et je voyais

15   un peu partout des poissons-scies
qui découpaient
les vagues en petits morceaux
et les lançaient
très haut jusqu'au ciel étoilé
20   où elles allaient
bien loin, par-delà l'horizon,
pour rattraper
la constellation des Poissons
et m'y loger.

Arrête-toi et pense à ce que tu viens de lire. À quoi l'auteure rêve-t-elle ?

Constellation
Ensemble d'étoiles.

Henriette Major et Phillipe Béha, « J'ai rêvé » dans *J'aime les poèmes*, Montréal, Éditions Hurtubise, 2002, p. 83.

La poésie

- Rappel :
  - Une **strophe**, c'est un paragraphe dans un poème.
  - Un **vers**, c'est une ligne dans un poème.
  - Une **rime**, c'est la répétition de sons qu'on trouve parfois à la fin des vers.

- Dans un poème, on trouve souvent des expressions imagées.
  Une expression imagée, ça sert à décrire quelque chose
  d'une manière originale.
  Ex. : Dans le poème *J'ai rêvé*, Henriette Major décrit le poisson-scie
  en le comparant à une scie qui découpe.

 1   **Remplis** la fiche suivante.

> ### La poésie en chiffres
>
> a) Combien de strophes contient le poème *J'ai rêvé* ? _____
>
> b) Combien de vers comporte-t-il ? _____
>
> c) Combien y a-t-il de vers qui riment avec le son ⬚é ? _____

2   Dans l'expression imagée suivante : «ensuite un poisson-perroquet qui jacassait», à quoi l'auteure compare-t-elle le poisson ?

_____

3   **Relève** un passage qui contient une autre expression imagée.

_____

4   D'après les indices du texte, où l'auteure se retrouve-t-elle à la fin de son rêve ? **Entoure** la bonne réponse.

    dans l'eau   sur terre   dans le ciel

5   a) **Souligne** tes deux vers préférés dans ce poème.

    b) Pourquoi as-tu choisi ces vers ?

_____

🐾 Je fais de la grammaire

Les mots dérivés

- On forme les mots dérivés en utilisant des **préfixes** et des suffixes.

Les **préfixes** sont des éléments qu'on place avant le mot de base.
Ex. : im possible
    survoler
    repartir
	Les suffixes sont des éléments qu'on place après le mot de base.
	Ex. : navigation
	    potable
	    rêveur

- Il existe différentes manières de créer des **mots dérivés**.

Principales manières de créer des mots dérivés	Exemples (Les mots dérivés sont en noir.)
1. **préfixe** + mot de base	dés + ordonner → **désordonner**
2. mot de base + **suffixe**	baign + ade → **baignade**
3. **préfixe** + mot de base + **suffixe**	il + lis + ible → **illisible** in + effaç + able → **ineffaçable**

---

1 a) **Observe** les mots suivants. **Entoure** le préfixe dans chacun de ces mots.

1. sous-marin   5. prématernelle   9. surpassé

2. sous-titre   6. prévenir   10. triangle

3. sous-sol   7. surchauffé   11. tricycle

4. préadolescent   8. surestimé   12. tricolore

b) **Note** les quatre préfixes différents que tu as entourés.
Écris le sens de chaque préfixe.

_____

_____

_____

_____

2 **Observe** les mots suivants. **Entoure** le suffixe dans chacun de ces mots.

1. construction

2. embarcation

3. pollution

4. abordage

5. bricolage

6. rattrapage

7. confiance

8. élégance

9. aisance

10. agréable

11. inoubliable

12. navigable

3 Le suffixe *-tion* signifie « faire l'action ».
Le suffixe *-eur* désigne la personne qui fait l'action.
Les suffixes *-er* et *-ier* désignent la personne qui exerce un métier.
Ajoute un de ces suffixes aux mots suivants pour les transformer en noms.

1. courir : _____

2. cuisine : _____

3. distraire : _____

4. éduquer : _____

5. jardin : _____

6. nager : _____

7. pâtisserie : _____

8. promener : _____

9. rêver : _____

10. punir : _____

4 a) **Entoure** les préfixes dans les mots suivants.

b) **Souligne** les suffixes.

Attention : cinq mots sont formés d'un préfixe et d'un suffixe.

1. antipollution

2. tartinade

3. bimoteur

4. aimable

5. irréversible

6. déjouer

7. kilogramme

8. irréprochable

9. dentiste

10. décollage

11. escalade

12. réinscription

F u t é

• Forme le plus de mots possible à partir des mots *couper, monter*
et *plier*. Ajoute chaque fois un préfixe, un suffixe ou les deux.

Eau ! Quel trésor !

J'orthographie

1 **Écris** les mots au bon endroit. **Utilise** chaque mot une seule fois.

- ça
- ce
- cela
- chance
- chapitre
- chocolat
- chuchoter
- plancher
- proche
- rechercher
- réfléchir

Verbes en *-er*. _____ _____	Mot avec une cédille. _____	Noms masculins. _____ _____
Verbe en *-ir*. _____	Mot de quatre lettres. _____	Nom féminin. _____
Déterminant. _____	Nom masculin qui contient un *t* muet. _____	Mot qui peut être un nom ou un adjectif. _____

2 **Classe** les mots suivants dans le tableau.

- celle-ci
- celle-là
- celles-ci
- celles-là
- celui-ci
- celui-là
- ceux-ci
- ceux-là
- laquelle
- lequel
- lesquelles
- lesquels

Masculin singulier	Masculin pluriel	Féminin singulier	Féminin pluriel

Je conjugue

Les verbes au participe présent

- Pour former le participe présent des verbes en -er comme *aimer*, on ajoute la terminaison -*ant* au **radical**.
  Ex.: all**ant**, pêch**ant**, rêv**ant**, saut**ant**.

- Pour former le participe présent des verbes en -*ir* comme *finir*, on ajoute -*ant* au **radical** en -*iss*-. (C'est pour cela qu'on dit que les verbes comme *finir* ont un participe présent en -*issant*.)
  Ex.: atterr**issant**, bond**issant**, embell**issant**, franch**issant**, réuss**issant**.

- **Étant** est le participe présent du verbe *être*.

- **Ayant** est le participe présent du verbe *avoir*.

1 **Écris** le participe présent des verbes suivants.

1. voler : _____

2. découper : _____

3. naviguer : _____

4. avoir : _____

5. définir : _____

6. réunir : _____

7. baigner : _____

8. être : _____

9. flotter : _____

10. ronronner : _____

11. dériver : _____

12. jacasser : _____

2 **Souligne** les verbes au participe présent dans le texte suivant.

En voguant sur l'océan, ce marin a contemplé toutes sortes de merveilles.

Il a vu des troupeaux de dauphins en allant vers la Floride. Étant curieux de

nature, il les a observés longuement avec ses jumelles. Les dauphins dansaient

sur les vagues en l'éclaboussant légèrement au passage. Le marin

a poursuivi sa route en observant constamment l'horizon. Il a ainsi

aperçu des poissons volants et un grand pélican.

2

🐾 Je lis

▶ Lis le texte suivant. Tu découvriras des trésors anciens qui se cachent dans la mer.

Stratégie 🔟
Je reformule dans mes mots ce que j'ai compris du texte.

Mission cachalot

Philippe est capitaine de bateau. Il invite sa fille Annie ainsi que ses deux amis, Francis et Marika, à venir passer quelques jours en mer. À bord de l'Astérie, leur voyage au Mexique sera rempli de découvertes. Pour l'instant, les membres de l'équipage, des scientifiques passionnés des fonds marins, leur expliquent ce qu'ils font.

— Pour nos recherches des deux derniers mois, nous avons combiné science et archéologie autour d'une magnifique barrière de corail. Elle se situe à quelques kilomètres au nord d'Isla del Sol, précise-t-il en désignant du doigt l'emplacement sur une carte accrochée au mur. Comme en beaucoup d'autres
5 endroits, le corail y est très touché par la pollution. En plus, ici, il se trouve exposé aux effets nocifs d'algues vertes qui envahissent le fond marin. Les espèces animales marines préfèrent se laisser mourir de faim plutôt que de manger ces algues, car elles sont toxiques. Étant donné qu'elles n'ont aucun prédateur, elles se répandent à une vitesse incroyable. En
10 unissant nos connaissances, nous croyons avoir trouvé des solutions à ce fléau. Par ailleurs, nous sommes aussi dans une région où il y a eu beaucoup de naufrages autrefois. Nous profitons de l'occasion pour faire des fouilles archéologiques… et des trouvailles intéressantes.

   — Qu'y a-t-il de secret dans tout ça ? demande Annie.

15   — C'est ce que nous pensons pouvoir trouver sous ces coraux, répond Gillian.

   — En effet, enchaîne Miguel, au cours de nos recherches, nous avons découvert par pur hasard quelques objets très anciens. Nous sommes arrivés à la conclusion qu'ils pourraient appartenir au
20 *Santa Clara*, le galion espagnol qui a coulé dans ces eaux en 1697. Grâce à notre sonar, nous avons réussi à localiser l'épave ou, du moins, ce qu'il en reste. […] De plus, nous croyons que le *Santa Clara* transportait une immense fortune en or et en objets précieux. […]

Nocif
Nuisible.

Fléau
Catastrophe.

Galion
Grand navire.

Sonar
Appareil de détection sous-marine.

— Nous avons appelé cette expédition «Mission cachalot», du nom
25 de notre précieux sous-marin miniature, précise Hélène.

— Vous comprenez que nous devons être très discrets, insiste Philippe,
car si la nouvelle se répand, nous risquons d'avoir les médias à nos trousses
et un tas de chasseurs d'épaves dans les pattes.

— Des chasseurs d'épaves? répète Francis, aussi surpris que moi.
30 Qu'est-ce que c'est?

— Ce sont des gens qui explorent les fonds marins à la recherche de
trésors et d'objets anciens. Ils les vendent ensuite à des musées ou à des gens
riches qui désirent enrichir leur collection personnelle, explique Loïc. Quand
on trouve une épave ancienne, continue-t-il, une partie du bateau et des
35 objets à son bord sont déjà désagrégés et défaits en poussière au fond de
l'eau. Par contre, certaines pièces peuvent être encore en bon état, mais nous
devons les manipuler avec soin. [...] Malheureusement, des chasseurs trop
avides ramassent tout ce qu'ils peuvent sans précautions et
détruisent des **vestiges** qu'on ne pourra plus jamais retrouver.

> Vestiges
> Ruines.

40 — Qu'est-ce qui vous fait croire qu'il s'agit bien du *Santa
Clara*? dis-je.

— Certains objets que nous avons trouvés, répond
Nick. Entre autres, de vieux écus portant l'effigie du roi
d'Espagne ainsi que l'inscription 1649.

> **10**
> Réfléchis à ce que tu
> viens de lire. Résume en
> quelques phrases ce que
> recherchent le capitaine
> Philippe et son équipage.

Lucia Cavezzali, *Mission cachalot*, Montréal, Éditions Hurtubise, coll. «Caméléon», 2005, p. 31 à 34.

1 Le capitaine Philippe et son équipage ont découvert des objets qui pourraient appartenir au *Santa Clara*. Qu'étudiaient-ils au fond de l'eau?

_____

2 Dans le texte *Mission cachalot,* **souligne** la phrase qui explique le titre de cette histoire.

3 Qu'est-ce qui affecte la barrière de corail? **Entoure** la ou les bonnes réponses.

la pollution   les prédateurs   les algues vertes

4 Qu'est-ce que le *Santa Clara*?

_____

5 **Trouve** dans le texte un synonyme à chacun des mots suivants.

1. catastrophe: _____   3. décomposés: _____

2. repérer: _____   4. soins: _____

6 Pourquoi le capitaine Philippe craint-il les chasseurs d'épaves?

_____

_____

7 D'après toi, reste-t-il des trésors dans l'épave du *Santa Clara*?

_____

_____

8 Aimerais-tu explorer les fonds marins comme le fait le capitaine Philippe? **Explique** ta réponse à l'aide d'éléments du texte ou de ton expérience personnelle.

_____

_____

Je fais de la grammaire

- Des **antonymes**, ce sont des mots qui ont des sens contraires.
  Ex.: flotter / couler; sauvetage / naufrage; mouillé / sec.
  - Les antonymes doivent appartenir à la même classe de mots.
    - L'antonyme d'un nom doit être un autre nom. **Ex.:** sauvetage / naufrage.
    - L'antonyme d'un adjectif doit être un autre adjectif. **Ex.:** mouillé / sec.
    - L'antonyme d'un verbe doit être un autre verbe. **Ex.:** flotter / couler.
  - Certains **préfixes** comme *il-*, *im-*, *in-* et *ir-* servent à former des antonymes.
    Ex.: limité / **il**limité; poli / **im**poli; responsable / **ir**responsable.

1 **Trouve** un antonyme pour chaque mot.

1. adroit: _____

2. monter: _____

3. menaçant: _____

4. microscopique: _____

5. chance: _____

6. arriver: _____

7. vieux: _____

8. pauvre: _____

9. aimable: _____

10. réussir: _____

2 **Trouve** un antonyme aux mots en gras.

1. La baleine **sort** sa queue de l'eau et la _____ brusquement.

2. Ce **gigantesque** mammifère mange des _____ poissons.

3. Elle se reproduit dans les mers **chaudes** et nourrit son baleineau

   dans les eaux _____.

4. Le bateau avance **lentement** dans l'eau, mais

   la baleine nage _____.

5. Si tu veux l'apercevoir, **ouvre** bien les yeux,

   ne les _____ pas!

La virgule dans une énumération

- On met une **virgule** entre tous les **éléments** d'une énumération,
  sauf entre les deux derniers s'ils sont séparés par *et* ou par *ou*.

  Ex.: Dans une épave de bateau, on peut trouver plusieurs trésors comme

  énumération

  | des pièces d'or, des bijoux, des diamants *et* des perles |.

---

3 a) **Souligne** les énumérations dans les phrases suivantes.

b) **Ajoute** les virgules aux bons endroits.

1. À bord de l'*Astérie*, il y a Philippe Annie Marika et Francis.

2. Pour protéger la barrière de corail, il faut réduire la pollution
   éliminer les algues vertes et protéger les fonds marins.

3. Le capitaine Philippe est un scientifique rigoureux curieux
   intelligent et travailleur.

4. Ces trésors sont vendus à des musées à des centres de recherche
   ou à des collectionneurs.

5. Des intrigues des découvertes étranges des rebondissements
   et du mystère sont au cœur de cette histoire.

4 **Complète** cette phrase. **Ajoute** une énumération qui compte quatre éléments.

Au fond des mers, on peut observer _____

_____

Futé

- En cinq minutes, dresse la plus longue énumération possible d'objets que tu pourrais apporter au bord de la mer.

- Compare ensuite ta liste avec celle de tes camarades. Laquelle est la plus originale?

L'apostrophe

- L'**apostrophe** remplace les voyelles finales *a* et *e* d'un mot placé devant un autre mot qui commence par une **voyelle** ou par un *h muet*.

Mots commençant par une **voyelle**	Mots commençant par un *h muet*
Ex.: l'**é**paulard	l'**h**ameçon
l'**o**tarie	l'**h**ippocampe
j'**a**rrose	j'**h**onore
n'**o**ublie rien	n'**h**allucine pas
une lettre d'**A**nnie	une lettre d'**H**élène
il m'**a**ime	il m'**h**orrifie
elle t'**u**tilise	elle t'**h**ypnotise
on s'**e**xerce	on s'**h**abitue

Remarque On garde la voyelle finale *a* ou *e* devant un *h* aspiré.
Ex.: la **h**alte routière, le **h**alètement du chien, le **h**éros de l'histoire

- L'**apostrophe** remplace le *e* du mot *ce* devant *est* et *était*.
Ex.: **Ce** sera lui. **C'**est lui. **C'**était lui.

---

5 Entre les lignes 1 et 13 du texte *Mission cachalot*, **souligne** tous les mots qui contiennent une apostrophe.

6 Ajoute *le*, *la* ou *l'* devant les noms suivants. **Utilise** ton dictionnaire, au besoin.

1. _____ huître
2. _____ calmar
3. _____ orque
4. _____ harpon
5. _____ coquillage
6. _____ espadon
7. _____ anémone
8. _____ hareng
9. _____ méduse

7 **Fais un X** sur les voyelles qu'il faut remplacer par une apostrophe.
Ajoute l'apostrophe.

Ce était en 1697. Un bateau espagnol sombrait au large des côtes mexicaines.

Aujourd'hui, les chasseurs de épaves veulent se emparer des trésors qu'il

cache. Ce est un travail minutieux qu'ils ne accompliront pas avec précaution.

Eau! Quel trésor!

🐾 J'orthographie

▶ **Écris** chaque fois un mot de la semaine pour former un groupe de mots qui fait du sens.

● automobile	● événement	● mouvement	● présence
● chaleur	● expérience	● objet	● promenade
● détective	● hockey	● observer	● royaume
● douceur	● humeur	● odeur	
● envoyer	● jusqu'à	● poitrine	

1. une partie de _____

2. une _____ dans le bois

3. une course _____

4. un _____ enchanté

5. un _____ attendu

6. un _____ précieux

7. un _____ privé

8. une _____ scientifique

9. un prix de _____

10. une _____ accablante

11. la _____ d'une maman

12. une _____ exquise

13. _____ un courriel

14. _____ maintenant

15. un _____ brusque

16. une _____ de poulet

17. être de bonne _____

18. _____ les baleines

◢ J'écris

Sous la mer

▶ **Compose un poème pour décrire un animal, un objet ou une plante que l'on peut trouver dans la mer.**

- Ton poème doit compter quatre vers.
- Il doit contenir une expression imagée.
- Demande ensuite à une ou à un camarade de lire ton poème pour trouver ton expression imagée.

Je lis

▶ Lis les poèmes suivants. Tu découvriras ce qu'est un calligramme.

Un bateau sur la mer

LE BATEAU DANSE SUR L'OCÉAN
L'ACCOMPAGNENT TOUT AU LONG
ET LE CIEL EST MENAÇANT
PAR CHANCE, LE BATEAU N'A JAMAIS

TOUT BLEU. LES MOUETTES
DU VOYAGE. LA TEMPÊTE GRONDE
LE BATEAU VALSE AVEC LA TEMPÊTE.
LE MAL DE MER !

1
À quoi te fait penser la disposition des mots dans ce calligramme ?

_____

_____

Robert Soulières et Caroline Merola, « Un bateau sur la mer » dans *Am, stram, gram et calligrammes*
© Soulières Éditeur, 2006, coll. « Ma petite vache a mal aux pattes », p. 28 et 29.

La baleine

COMME BALEINE
UNE FONTAINE
QUI LANCE AU CIEL
D'EAU
UN GRAND JET
QUI MONTE
MAIS TOUT CE QUI MONTE
DOIT REDESCENDRE
ET LA BALEINE REÇOIT
UN PEU D'EAU
SUR LE NEZ

À quoi te fait penser la disposition des mots dans ce calligramme?

_____

_____

Robert Soulières et Caroline Merola, « La baleine » dans *Am, stram, gram et calligrammes*
© Soulières Éditeur, 2006, coll. « Ma petite vache a mal aux pattes », p. 36 et 37.

La disposition des mots

- Les mots dans un poème sont souvent disposés d'une façon particulière. Les poètes jouent avec la longueur des vers et avec la manière de les placer.

- On appelle certains poèmes des **calligrammes**. Dans ces poèmes, les mots sont placés de manière à illustrer le sujet du poème. Ils forment un dessin.

1 Dans le poème *Un bateau sur la mer*, à quoi l'auteur compare-t-il le bateau et la tempête dans l'expression imagée « Le bateau valse avec la tempête » ?

_____

2 Dans ce poème, **relève** un autre passage qui contient une expression imagée.

_____

3 a) D'après toi, qu'est-ce que ce poème exprime ? **Entoure** ta réponse.

le plaisir de naviguer   les dangers de la navigation

b) **Explique** ta réponse à partir des éléments du poème.

_____

_____

4 Dans le poème *La baleine*, à quoi l'auteur compare-t-il la baleine ?
Illustre ta réponse.

5 a) **Écris** le titre du calligramme que tu as préféré.

_____

b) Qu'est-ce que tu as aimé particulièrement dans ce calligramme ?
Coche la réponse qui l'exprime le mieux.

   La présentation des mots et de l'illustration.

   L'humour de l'auteur.

   Le sujet du calligramme.

c) **Explique** ton choix à l'aide d'éléments du texte ou de ton expérience personnelle.

_____

_____

🐾 Je fais de la grammaire

Les parties d'un tout

- Certains mots servent à nommer les parties d'un tout. Le tout peut être un objet, une plante ou un être vivant.

  Ex.: Le **tout** : une canne à pêche

  Les **parties** : la poignée, le moulinet, le fil, l'hameçon, l'appât, la cuillère

1 **Note** quatre mots qui désignent une partie de l'objet et des animaux suivants.

1. Poisson : _____

2. Insecte : _____

3. Embarcation : _____

L'ordre d'intensité entre les mots

- Certains mots peuvent être classés selon l'intensité qu'ils expriment.

  faible intensité   forte intensité

  Ex.: dommageable → nuisible → toxique

2 **Classe** les mots suivants selon l'intensité qu'ils expriment (de la plus faible à la plus forte). **Utilise** ton dictionnaire, au besoin.

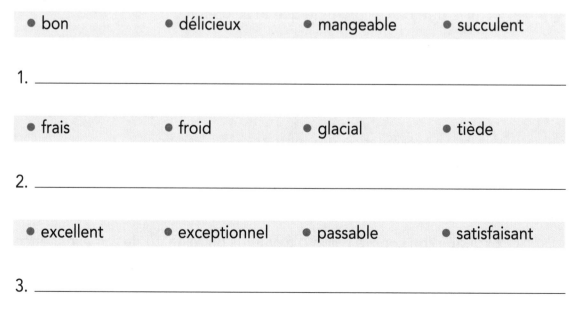

| • bon | • délicieux | • mangeable | • succulent |

1. _____

| • frais | • froid | • glacial | • tiède |

2. _____

| • excellent | • exceptionnel | • passable | • satisfaisant |

3. _____

Les liens de sens et les familles de mots

- Les mots d'une même famille sont tous liés par le sens.
  Ex.: ancre, ancrage, ancrer, désancrer.

- Par contre, les mots liés par le sens ne sont pas nécessairement de la même famille.
  - **Ex.:** • Les synonymes *aquatique* et *nautique* sont liés par le sens (ils ont le même sens). Toutefois, ils ne sont pas de la même famille.

    - Les antonymes *eau* et *feu* sont liés par le sens (ils ont des sens contraires). Toutefois, ils ne sont pas de la même famille.

    - Les mots *hublot*, *mat* et *ancre* sont liés par le sens (ils désignent les parties d'un bateau). Toutefois, ils ne sont pas de la même famille.

    - Les mots *sec*, *humide* et *mouillé* sont liés par le sens (à cause de l'intensité qu'ils expriment). Toutefois, ils ne sont pas de la même famille.

3 a) **Regroupe** les mots suivants selon leur lien de sens.
Utilise ton dictionnaire, au besoin.

b) **Complète** les étiquettes sous chaque groupe.

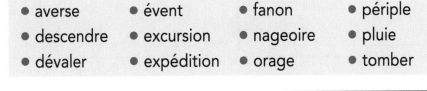

• averse	• évent	• fanon	• périple
• descendre	• excursion	• nageoire	• pluie
• dévaler	• expédition	• orage	• tomber

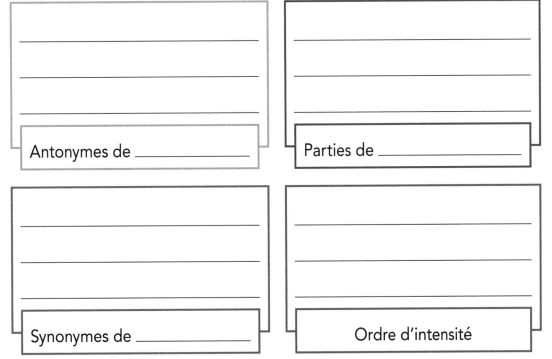

Antonymes de _____

Parties de _____

Synonymes de _____

Ordre d'intensité

J'orthographie

Remplis les tableaux à l'aide des mots de la semaine.
Utilise chaque mot une seule fois.

- afin de
- à peu près
- à travers
- au lieu de
- au milieu de
- au moins
- auprès de
- autant
- cependant
- créer
- de bonne heure
- durant
- instant
- lors de
- pourtant
- ruban
- sang

Groupes de mots composés de deux mots
_____
_____
_____
_____

Mots qui se terminent par -*ant*
_____
_____
_____
_____

Groupes de mots composés de trois mots
_____
_____
_____

Mots qui se terminent par le son [an]
_____
_____

Verbe
_____

1 a) **Souligne** les énumérations dans les phrases suivantes.

b) **Ajoute** les virgules aux bons endroits.

1. Pour me détendre, je dessine je danse ou je lis.

2. J'aime lire des romans des bandes dessinées des documentaires

et des poèmes.

3. J'apprécie les poèmes qui sont amusants émouvants et colorés.

4. Gilles Vigneault Félix Leclerc et Émile Nelligan ont écrit plusieurs

poèmes célèbres.

2 **Classe** les mots de chaque série selon l'intensité qu'ils expriment
(de la plus faible à la plus forte).

1. chaud, tempéré, brûlant : _____

2. ennuyant, intéressant, captivant : _____

_____

3. aimer, adorer, apprécier : _____

_____

3 **Fais un X** sur les voyelles qu'il faut remplacer par une apostrophe.
Ajoute l'apostrophe.

Je observe le homme qui pêche. Délicatement, il place le appât. Puis, il lance

sa ligne à le eau. Le hameçon effleure la surface et coule au fond de le étang.

4 **Écris** le participe présent des verbes suivants.

1. avoir : _____   4. réfléchir : _____

2. composer : _____   5. rimer : _____

3. aller : _____   6. être : _____

Une finale aquatique

Rafi doit composer un poème. Malheureusement, l'inspiration lui manque. Aide-le à le terminer.

1 **Réponds** aux questions suivantes.

1. Ajoute le suffixe *-age* au verbe *passer* pour former un nom. _____

2. Ajoute le suffixe *-eur* au verbe *charmer* pour former un nom. _____

3. Ajoute le préfixe *sur-* au verbe *voler*. _____

4. Écris un antonyme de *mauvais*. _____

5. Écris un antonyme d'*incolore*. _____

6. À quel animal appartiennent les parties suivantes : nageoire, aileron, dents ?
   _____

7. À quel animal appartiennent les parties suivantes : aile, plume, bec ?
   _____

2 a) **Utilise** tes réponses de l'exercice précédent pour compléter ce poème.

b) **Écris** le verbe au conditionnel présent de l'indicatif. **Fais** les accords nécessaires.

Si j'étais un _____ ,

je _____ les mers et les rivages.

Je verrais des baleines et leurs marmots,

et je les saluerais au _____ .

Ensuite, j'irais te raconter

des histoires amusantes et _____

de beaux bélugas _____

et de _____ au _____ cœur.

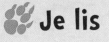 **Je lis**

Les Fichi-Fichi

Octopédia est de mauvaise humeur. Il ne lui reste plus de bonbons *Fichi-Fichi* à se mettre dans le bec! L'énorme pieuvre répète à qui veut l'entendre que ça lui donne de l'énergie. La vérité, c'est qu'elle est très gourmande et ne peut pas s'en passer.

5 Octopédia se rend au magasin général de son ami Bernard-l'ermite. Ça lui demande tout un effort, car la pieuvre est paresseuse et casanière. Mais sa gourmandise l'emporte!

Il y a un attroupement devant l'entrée du magasin général.

— Qu'est-ce qui se passe? demande Octopédia à une tortue luth.

10 — Bernard s'est fait cambrioler cette nuit. Il paraît que toute sa réserve de *Fichi-Fichi* a disparu. Quel malheur!

Octopédia est sous le choc.

— Laissez-moi passer! lance-t-elle.

La faune marine s'écarte devant la corpulente
15 pieuvre. Elle cogne huit coups à la porte de Bernard-l'ermite. Son ami reconnaît leur code et lui ouvre. Le pauvre a l'air découragé. Mais, tout à coup, son visage s'éclaire.

— Tu es si intelligente, je suis certain que
20 tu peux trouver le coupable! s'écrie-t-il.

La pieuvre regarde autour d'elle. Tout semble en ordre dans le magasin général. Le présentoir de colliers de coquillages, de pendentifs d'étoiles de mer et de boucles d'oreilles en perles est intact.

— Rien d'autre n'a été volé? demande Octopédia.

25 — Non. Mon étalage d'objets récupérés après les naufrages ne l'a même pas intéressé! C'est étrange, hein?

Préparation à l'épreuve de lecture

— En effet. Certains de ces objets valent pourtant une fortune. Montre-moi le lieu du crime.

30 On dirait qu'une tornade a traversé l'arrière-boutique. Des caisses d'algues ont été fracassées. Les plantes flottent, tels des serpents.

La pieuvre constate que le voleur est entré par la grande fenêtre. Des éclats de verre 35 parsèment le sol. Octopédia parcourt du regard la grande pièce. Quelque chose cloche, mais elle n'arrive pas à mettre la ventouse dessus.

« Les caisses ont été fracassées par des coups de queue, j'en mettrais 40 mon tentacule au feu ! songe-t-elle. Et la fenêtre a subi tout un impact pour éclater en mille morceaux. Seul un requin possède une telle force. Mais quel requin ? À moi de le découvrir si je veux mes *Fichi-Fichi* ! »

Octopédia rassure son ami :

— Avertis tes clients qu'ils auront leurs *Fichi-Fichi* avant la fin de la journée.

45 La pieuvre sort par la grande fenêtre et nage lentement. Elle réfléchit.

— Je sais ce qui cloche ! se dit-elle tout haut. Je n'ai vu aucune marque de dents sur les caisses… Pourtant, les requins croquent tout sur leur passage.

Soudain, la pieuvre se tape le front avec un tentacule.

— Eurêka ! s'exclame-t-elle.

* * *

50 La pieuvre s'arrête enfin devant une clinique, où un panneau lumineux indique : *Décario, dentiste.*

« J'ai entendu dire qu'il est très fier de sa dentition et qu'il en prend grand soin… pense-t-elle. Voilà pourquoi il n'y a aucune trace de morsures sur le lieu du crime ! » Elle jette un œil derrière la clinique. Une toile recouvre une caisse. 55 Elle la soulève et… bingo !

Octopédia revient à l'entrée et cogne à la porte. Décario lui ouvre.

— Je vous accuse du vol des *Fichi-Fichi*, déclare-t-elle avec assurance. Ne cherchez pas à nier, j'ai découvert la caisse derrière votre clinique.

— Vous êtes drôlement futée! s'exclame le dentiste. Depuis que ces affreux
60 bonbons sont sur le marché, je travaille sans arrêt, explique-t-il. Tous mes
patients ont des caries, c'est une honte!

— Donnez-moi la caisse de bonbons, ordonne la pieuvre.

— Pas question, réplique le requin qui s'avance, l'air menaçant.

— Si vous osez poser une nageoire sur moi, je vous crache de l'encre au visage!

65 — Du calme! fait Décario en reculant. Je vous rends les *Fichi-Fichi*, mais à
une condition: les mangeurs de bonbons devront se laver les dents.

Un tentacule sur une tempe, Octopédia réfléchit. Puis elle s'écrie:

— Bernard pourrait vendre les sachets de bonbons avec une brosse à dents!

Le requin bat des nageoires.

70 — Chouette idée! approuve-t-il. Rien ne me met plus de bonne humeur que
des dents en santé!

* * *

Octopédia entre au magasin général par la grande fenêtre. Elle tient entre
ses tentacules la caisse de bonbons et un sac rempli de brosses à dents. Elle
explique à son ami l'exigence du voleur. Bernard-l'ermite accepte et offre dix
75 sachets de *Fichi-Fichi* à Octopédia pour la remercier. Aux anges, la pieuvre
repart vers sa maison.

«Je les ai bien mérités, mes *Fichi-Fichi*! pense-t-elle. Quelle journée!»

Lili Chartrand

Préparation à l'épreuve de lecture

1 **Écris** quatre caractéristiques qui décrivent Octopédia.

_____

_____

2 Entre les lignes 8 et 20, quel est le problème d'Octopédia ?

_____

3 Quand Octopédia arrive chez Bernard-l'ermite, dans quel état est le magasin général ? **Entoure** la ou les bonnes réponses.

Tout est en ordre.   Des objets précieux ont disparu.

Le sol est plein d'éclats de verre.   Aucun bijou n'a été volé.

4 Quel mot peut remplacer les mots en gras dans les expressions suivantes ?

« … mais elle n'arrive pas à mettre la **ventouse** dessus. »

« … j'en mettrais mon **tentacule** au feu ! » _____

5 **Explique** dans tes mots comment Octopédia découvre que le voleur est Décario.

_____

_____

_____

6 À la fin de l'histoire, Octopédia et Décario concluent une entente. D'après toi, quel personnage est le plus satisfait de cette entente ?

_____

_____

7 a) Qu'as-tu préféré dans cette histoire ? **Coche** ta réponse.

⬭ Les personnages.   ⬭ Le problème.   ⬭ La situation finale.

b) **Explique** ton choix à l'aide d'éléments du texte ou de ton expérience personnelle.

_____

 **Je lis**

Atlas des océans

Aux armes

Pour chasser une proie ou fuir un prédateur, les animaux marins utilisent
des tactiques qui peuvent tantôt nous amuser, tantôt nous donner la chair
de poule… Certains utilisent leur coquille comme bouclier, d'autres se
camouflent en imitant leur environnement. […] Lorsqu'un prédateur attrape
5 l'étoile de mer par un bras, celle-ci fuit en laissant son membre au prédateur.
Ce bras repoussera plus tard. Pour se protéger, plusieurs petits poissons
nagent en bancs serrés comme s'ils formaient un seul gros poisson. Cette
solidarité existe aussi chez les prédateurs. Les orques et les dauphins chassent
en groupe pour encercler leurs proies. Somme toute, une ruse peut être fort
10 habile, mais elle ne fonctionne pas à tout coup.

Coquille d'occasion

Contrairement aux autres crabes, le bernard-l'ermite
n'a pas de carapace. Pour se protéger, il emprunte
une coquille vide laissée par un mollusque et
se déplace sous elle. Lorsqu'il grandit, le bernard-
15 l'ermite doit se trouver une maison plus grande.

▲ Un bernard-l'ermite

Chasseur d'élite

Avec ses puissantes mâchoires et ses dents pointues, acérées comme
des couteaux, le grand requin blanc est le plus grand des poissons carnivores
et l'un des prédateurs les plus dangereux des océans. Grâce à son odorat
infaillible, il peut repérer sa proie à des kilomètres de distance. Il serait en
20 mesure de repérer une seule goutte de sang dans une piscine olympique !

Pierre venimeuse

Le poisson-pierre et le plus venimeux des
poissons. Il se recouvre d'algues et reste
immobile au fond de l'eau, camouflé parmi
les pierres. Les épines venimeuses de sa
25 nageoire dorsale sont alors à peine visibles
et peuvent entraîner la mort de celui qui
les touche.

Un poisson-pierre ▲

Une pieuvre ▲

Flots d'encre

Lorsqu'elle est poursuivie ou se sent menacée, la pieuvre expulse un nuage d'encre qui

30 brouille l'eau environnante. Cachée derrière ce voile provisoire, la pieuvre en profite pour fuir loin de ses prédateurs.

Mets piquants

Lorsqu'il se sent menacé, le poisson porc-épic remplit d'eau son estomac et se gonfle

35 comme un ballon. Ses piquants, qui sont habituellement aplatis contre son corps, se hérissent. Pour les prédateurs, ce poisson devient alors peu appétissant.

▲ Un poisson porc-épic

Bras réconfortants

Le poisson-clown trouve refuge dans les tentacules venimeux des anémones

40 de mer. Son corps est enduit d'une couche visqueuse qui le protège du dangereux venin de l'anémone. Ainsi, aucun prédateur n'ose venir chercher le poisson-clown dans son abri.

Un poisson-scie ▲

Drôle de nez

Le poisson-scie possède un museau mesurant près de 2 m de long. Il s'en sert pour fouiller les fonds

45 vaseux à la recherche d'une proie ou pour frapper et assommer les poissons qui nagent en banc.

Sous la lumière du soleil

La zone ensoleillée est la première des trois zones de l'océan. C'est la couche d'eau qui s'étend de la surface jusqu'à 200 m de profondeur. Les rayons

50 du soleil la pénètrent aisément. Les températures confortables et la luminosité permettent la croissance des plantes, qui attirent à leur tour une multitude d'animaux. La vie est donc plus abondante et plus variée à la surface des océans. La zone ensoleillée est un véritable terrain de chasse [...]. Avec leurs corps fuselés

55 comme des torpilles, les prédateurs fendent l'eau à toute vitesse. Les proies, de leur côté, multiplient les stratégies pour échapper à leur regard perçant.

Un champion de vitesse

L'espadon bat tous les records de vitesse à la nage, allant parfois jusqu'à 110 km/h ! Ce poisson de 4 m de long possède un corps parfaitement hydrodynamique. Il file dans les eaux de surface tel un avion à réaction
60 dans le ciel.

Un poisson volant

Pour échapper à ses prédateurs, l'exocet fonce rapidement vers la surface et bondit hors de l'eau. En soulevant ses longues nageoires et en frappant les vagues avec sa queue, il peut planer au-dessus de l'eau sur près de 180 m.

Une excellente nageuse

La tortue luth est la plus grande tortue
65 marine. Cette espèce en danger mesure près de 2 m de long et pèse plus de 500 kg. La tortue luth est la seule tortue sans écailles. Sa carapace lisse et ses pattes en forme de rames permettent à cette géante
70 de franchir une distance de plus de 100 m en 10 secondes à peine.

▲ Une tortue luth

Une bande de dauphins ▲

Ne dormir que d'un œil

Les dauphins doivent remonter régulièrement à la surface de l'eau pour respirer. Ils doivent donc toujours rester éveillés, car un simple
75 petit somme peut entraîner leur noyade. Pour faire face à cet inconvénient, les dauphins ne dorment qu'à moitié, c'est-à-dire un côté du cerveau à la fois. Ainsi, pendant qu'un côté du cerveau dort, l'autre reste éveillé
80 pour que le dauphin continue à respirer et à guetter les prédateurs.

Collectif, *Atlas des océans*, Éditions Québec Amérique Jeunesse, coll. «Atlas», 2004, p. 50 à 53.

1 Dans le texte *Atlas des océans*, **relève** un exemple de solidarité chez les animaux marins qui sont prédateurs.

_____

_____

2 Entre les lignes 1 et 10, **souligne** la phrase qui exprime cette idée :
Une stratégie ne fonctionne pas toujours même si elle est ingénieuse.

3 a) **Relis** le texte *Atlas des océans* pour déterminer si les animaux marins suivants sont des prédateurs ou des proies. **Classe**-les ensuite au bon endroit.

- pieuvre
- poisson-clown
- poisson porc-épic
- poisson-scie
- requin

Prédateurs	Proies
_____	_____
_____	_____
_____	_____

b) Où as-tu classé le poisson porc-épic ? Pourquoi ?

_____

_____

4 **Entoure** le ou les éléments qui expliquent pourquoi la vie est plus abondante à la surface des océans.

la grande profondeur de cette zone   le taux d'ensoleillement

les températures confortables   la variété des espèces animales

5 Les animaux marins ont développé plusieurs tactiques pour se protéger des prédateurs. Selon toi, laquelle est la plus ingénieuse ?

_____

J'écris

Aquaville

Peu à peu, l'océan se réveille. Les premiers rayons du soleil éclairent les coraux qui scintillent et illuminent toute la cité. C'est un nouveau jour qui commence à Aquaville. Une autre journée paisible pour tous les habitants de cette communauté sous-marine. Floup, un animal marin voyageur, arrive en ville pour une raison bien spéciale. Après un si long voyage, il est ravi de passer quelques jours dans un si bel endroit.

Raconte une histoire qui se passe à Aquaville après l'arrivée de Floup.

- Imagine Floup. Pour t'aider, relis les pages 123 à 125.
  Observe attentivement les illustrations. Choisis un poisson.

- Imagine Aquaville. Pour t'aider, observe l'illustration ci-dessous.

Étape 1 Je planifie mon texte.

Que dois-tu écrire?

Qui est Floup ?

De quel animal marin s'agit-il ?

Quelles sont ses caractéristiques ?

**Qu'est-ce qui fait d'Aquaville
un si bel endroit ?**

Décris Aquaville.

**Pour quelle raison Floup
est-il à Aquaville ?**

Quel problème Floup vit-il ?

Décris le problème.

**Quelles actions fait-il pour
régler le problème ?**

Décris les actions.

Le problème se règle-t-il ?

Que se passe-t-il à la fin
de l'histoire ?

Étape **3** **Je rédige mon brouillon.**

a) Écris ton premier jet.

b) Vérifie maintenant ton texte. Sers-toi des éléments suivants.
   Lorsque tu as vérifié un élément, coche sa case.

c) S'il manque un élément, modifie ton texte.

1. Mon texte a un titre. ☐

2. Je décris Floup. ☐

3. Je décris Aquaville. ☐

4. Je mentionne la raison pour laquelle Floup est à Aquaville. ☐

5. Je décris un problème qui arrive à Floup. ☐

6. Je présente ses actions pour régler ce problème. ☐

7. J'explique comment l'histoire se termine. ☐

Étape **4** **Je corrige mon texte.**

Sers-toi des éléments suivants pour corriger ton texte.

a) Relis ton texte. À chaque lecture, concentre-toi sur un seul élément.

b) Lorsque tu as vérifié un élément, coche sa case.

1. J'ai mis une majuscule au début de chaque phrase et un point à la fin. ☐

2. Je m'assure que tous les mots sont là. ☐

3. J'ai bien orthographié les mots. ☐

4. J'ai accordé les groupes du nom. ☐

5. J'ai accordé les verbes avec leur sujet. ☐

Étape **5** **Je mets mon texte au propre.**

🐾 Mes stratégies de lecture

Avant la lecture

1 **Je survole le texte.**

- Je lis le titre, le ou les sous-titres et les intertitres.

- J'observe les illustrations et les schémas. Je lis les légendes qui les accompagnent.

- Je me demande de quoi parle le texte.

Pendant la lecture des phrases difficiles

2 **Je tiens compte des signes de ponctuation.**

- Je repère le point, le point d'interrogation ou le point d'exclamation. Ils m'indiquent où la phrase se termine. Ils me permettent aussi de savoir si on pose une question, ou si on exprime une émotion.

- J'observe le tiret. Il m'indique qu'un personnage parle.

- J'observe la virgule. Elle me permet de repérer les énumérations et les groupes de mots qui vont bien ensemble.

3 **Je cherche les mots importants dans la phrase.**

- Je souligne les mots importants qui donnent du sens à la phrase. Ils m'aident à mieux comprendre de quoi il est question.

> Ex.: La **baudroie** se déplace dans l'océan à l'aide de ses longues nageoires.

130 **Aide-mémoire**

4 Je dégage l'information importante dans les phrases longues ou difficiles.

- Je me demande de qui ou de quoi parle la phrase.
- Je souligne la partie la plus importante.

5 J'utilise un dictionnaire.

- Je cherche le sens d'un mot nouveau dans un outil de référence.
- Je relis la phrase en gardant la définition du mot en tête.
- Je m'assure que la phrase a du sens.

Pendant la lecture

6 Je prédis la suite à l'aide d'indices du texte.

- Je lis un passage, puis je m'arrête. Je fais des prédictions.
  - Si je lis une **histoire**, j'essaie d'imaginer la suite.
  - Si je lis un **texte informatif**, j'essaie de trouver de quoi parlera le passage suivant.
- Je poursuis ma lecture et je vérifie si mes prédictions étaient correctes. Si elles sont incorrectes, je tiens compte de ce que j'ai découvert pour faire d'autres prédictions.

7 Je repère les mots de substitution.

- J'identifie les mots ou les groupes de mots qui répètent une même information dans un texte. Il peut s'agir de pronoms (ex. : il, elles) ou de groupes du nom (ex. : Léo, l'enfant).
- Je me demande ce que ces pronoms ou ces groupes du nom remplacent.
- Je vérifie si ma réponse respecte le sens de la phrase.

> Ex. : **Léo** joue avec le chiot. Il aime tous les animaux.
> L'enfant rêve d'avoir un labrador.

8 — Je trouve les mots de relation qui font des liens entre les phrases.

- Je repère les marqueurs de relation.

- Je me demande à quoi ils servent.
  - Est-ce qu'ils annoncent et ordonnent les idées ?
    (Ex. : d'abord, ensuite, finalement, etc.)
  - Est-ce qu'ils indiquent le temps ? (Ex. : lorsque, quand, etc.)

9 — Je m'arrête. Je me demande de quoi on parle.

- Après avoir lu quelques phrases, je fais une pause
  pour me rappeler de quoi parle le texte.
  Je peux l'écrire ou le dessiner dans la marge.

- Si je n'y arrive pas, je relis et je cherche ce qui m'empêche
  de comprendre (ex. : un mot nouveau, une phrase longue
  ou difficile, des mots qui en remplacent d'autres). J'utilise
  la stratégie appropriée.

Après la lecture

10 — Je reformule dans mes mots ce que j'ai compris du texte.

- Je fais un résumé ou un schéma de ce que je retiens.

✿✿ Mes stratégies d'écriture

Avant l'écriture

Étape 1 Je planifie mon texte.

- Je m'assure de bien comprendre ce que j'ai à faire.
- Je réponds aux questions suivantes :
  - *Quel est le sujet de mon texte ?*
  - *À qui s'adresse-t-il ?*
  - *Dans quel but je l'écris ?*
  - *Quel genre de texte vais-je écrire ? Est-ce une histoire, une lettre, une affiche, etc. ?*

Étape 2 Je note mes idées.

- J'organise mes idées dans un schéma, un tableau ou une carte d'exploration.
- Je consulte des outils qui peuvent m'aider (ex. : banques de mots, images).
- Si possible, j'échange des idées sur le sujet avec mes camarades.

Pendant l'écriture

Étape 3 Je rédige mon brouillon.

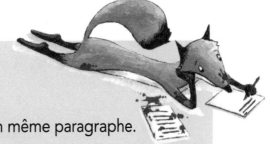

- J'écris un premier jet. Je relis mes idées et j'en ajoute de nouvelles, au besoin.
- Je regroupe les idées qui vont ensemble dans un même paragraphe.
- Je m'assure que mes idées s'enchaînent bien.
- Je vérifie si mon texte respecte ce qui est demandé.
  - S'il manque des éléments, je les ajoute.
  - Si certaines parties n'ont pas de lien avec le sujet, je les modifie ou je les supprime.
- Je remplace les mots qui se répètent souvent par d'autres mots (ex. : pronoms, synonymes).

Étape 4 **Je corrige mon texte.**

- Je mets la ponctuation nécessaire.
  - La majuscule et le point approprié.
  - Les virgules dans les énumérations.

- Je relis chaque phrase pour m'assurer que tous les mots sont là.

- Je vérifie l'orthographe des mots à l'aide d'un outil de référence, au besoin.

- Je vérifie les accords dans chaque groupe du nom.

  f. pl.

  Ex.: **Mes bonnes amies** seront là.

- Je vérifie l'accord de chaque verbe avec son sujet.

  2e p. s.

  Ex.: **Tu participes** à ce concours.

Après l'écriture

Étape 5 **Je mets mon texte au propre.**

- Je relis mon texte une dernière fois.

- Au besoin, je l'illustre.

- Si possible, je le fais lire.

🐾 Mes mots d'orthographe

Thème 5

Semaine 1
accord (n. m.)
catastrophe (n. f.)
chef (n. m.) (n. f.)
escalier (n. m.)
est (n. m.)
force (n. f.)
fort (n. m.)
foule (n. f.)
nord (n. m.)
or (conj.)
ouest (n. m.)
phoque (n. m.)
port (n. m.)
quartier (n. m.)
sort (n. m.)
sud (n. m.)

_____

_____

_____

Semaine 2
cas (n. m.)
croix (n. f.)
endroit (n. m.)
entrée (n. f.)
envie (n. f.)
esprit (n. m.)
état (n. m.)
éviter (v.)
hésiter (v.)
pensée (n. f.)
profiter (v.)
roue (n. f.)
secours (n. m.)
sortie (n. f.)
statue (n. f.)
tas (n. m.)
tout (n. m.)
visiter (v.)

_____

_____

Semaine 3
adorer (v.)
améliorer (v.)
déclarer (v.)
détester (v.)
étudier (v.)
expliquer (v.)
jurer (v.)
laver (v.)
patiner (v.)
pleurer (v.)
prier (v.)
ramener (v.)
rentrer (v.)
répéter (v.)
reposer (v.)
respirer (v.)
sauter (v.)
soupirer (v.)

_____

_____

Semaine 4
à droite (adv.)
à gauche (adv.)
en arrière (adv.)
en avant (adv.)
en bas (adv.)
en haut (adv.)
là-bas (adv.)
le leur (pron.)/
   la leur (pron.)/
   les leurs (pron.)
le mien (pron.)/
   la mienne (pron.)/
   les miens (pron.)/
   les miennes (pron.)
le sien (pron.)/
   la sienne (pron.)/
   les siens (pron.)/
   les siennes (pron.)
le tien (pron.)/
   la tienne (pron.)/
   les tiens (pron.)/
   les tiennes (pron.)
où (adv.)

_____

_____

Note : L'abréviation OR, en exposant, indique qu'il s'agit de la nouvelle orthographe.

Aide-mémoire

Semaine 1
anneau (n. m.)
aube (n. f.)
dieu (n. m.)
épaule (n. f.)
gâteau (n. m.)
héros (n. m.)/
  héroïne (n. f.)
larme (n. f.)
métro (n. m.)
meuble (n. m.)
numéro (n. m.)/n°
piano (n. m.)
plume (n. f.)
plutôt (adv.)
propos (n. m.)
rideau (n. m.)
tôt (adv.)

Semaine 2
aide (n. m.) (n. f.)
capitaine (n. m.) (n. f.)
contraire (n. m.)
désormais (adv.)
disparaître (v.)/
  disparaitre[or] (v.)
éclair (n. m.)
éclairer (v.)
extraordinaire (adj.)
fin de semaine (n. f.)
laine (n. f.)
lait (n. m.)
naître (v.)/naitre[or] (v.)
ordinaire (adj.)
paix (n. f.)
plaire (v.)
raison (n. f.)
refaire (v.)

Semaine 3
bibliothèque (n. f.)
colère (n. f.)
espèce (n. f.)
fêter (v.)
hurler (v.)
matière (n. f.)
même (adj.)
misère (n. f.)
mystère (n. m.)
pêche (n. f.)
planète (n. f.)
poème (n. m.)
problème (n. m.)
rêve (n. m.)
scène (n. f.)
système (n. m.)

_____

Semaine 4
biscuit (n. m.)
bleuet (n. m.)
bol (n. m.)
côte (n. f.)
déjeuner (n. m.) (v.)
dîner (n. m.) (v.)/
  diner[or] (n. m.) (v.)
drôle (adj.)
forme (n. f.)
habitude (n. f.)
huile (n. f.)
île (n. f.)/ile[or] (n. f.)
plat (n. m.)
rôle (n. m.)
soupe (n. f.)
théâtre (n. m.)

Semaine 1
absolument (adv.)
complètement (adv.)
doucement (adv.)
également (adv.)
évidemment (adv.)
exactement (adv.)
facilement (adv.)
finalement (adv.)
heureusement (adv.)
justement (adv.)
malheureusement
  (adv.)
parfaitement (adv.)
rapidement (adv.)
seulement (adv.)
simplement (adv.)
sûrement (adv.)/
  surement[or] (adv.)

_____

Semaine 2
amitié (n. f.)
domestique (adj.)
électrique (adj.)
époque (n. f.)
équipe (n. f.)
fermé (adj.)/
  fermée (adj.)
marquer (v.)
préféré (adj.) (n. m.)/
  préférée (adj.) (n. f.)
puisque (conj.)/
  (puisqu') (conj.)
quelque chose (pron.)
quoi (pron.)
réalité (n. f.)
réplique (n. f.)
tandis que (conj.)/
  (tandis qu') (conj.)
unique (adj.)
vérité (n. f.)

_____

Semaine 3
bond (n. m.)
continent (n. m.)
début (n. m.)
départ (n. m.)
désert (n. m.)
froid (n. m.)
front (n. m.)
hasard (n. m.)
nu (adj.)/
  nue (adj.)
poursuivre (v.)
quart (n. m.)
surprendre (v.)
toit (n. m.)
univers (n. m.)
vendre (v.)

_____

_____

Semaine 4
amusant (adj.)/
  amusante (adj.)
content (adj.)/
  contente (adj.)
double (adj.) (n. m.)
énorme (adj.)
grand (n. m.)/
  grande (n. f.)
léger (adj.)/
  légère (adj.)
prêt (adj.)/prête (adj.)
profond (adj.)/
  profonde (adj.)
secret (adj.) (n. m.)/
  secrète (adj.)
soldat (n. m.)/
  soldate (n. f.)
suivant (adj.)/
  suivante (adj.)
sûr (adj.)/sûre (adj.)
utile (adj.)
vide (adj.) (n. m.)
vivant (adj.)/
  vivante (adj.)

Semaine 1

ce (pron.)/c' (pron.)
cela (pron.)/ça (pron.)
celui-ci (pron.)/celle-ci (pron.)/ceux-ci (pron.)/celles-ci (pron.)
celui-là (pron.)/celle-là (pron.)/ceux-là (pron.)/celles-là (pron.)
chance (n. f.)
chapitre (n. m.)
chocolat (n. m.)
chuchoter (v.)
lequel (pron.)/laquelle (pron.)/lesquels (pron.)/lesquelles (pron.)
plancher (n. m.)
proche (adj.)
rechercher (v.)
réfléchir (v.)

_____

_____

Semaine 2

automobile (n. f.)
chaleur (n. f.)
détective (n. m.) (n. f.)
douceur (n. f.)
envoyer (v.)
événement (n. m.)/évènement[or] (n. m.)
expérience (n. f.)
hockey (n. m.)
humeur (n. f.)
jusqu'à (prép.)/jusqu'au (prép.)/jusqu'aux (prép.)
mouvement (n. m.)
objet (n. m.)
observer (v.)
odeur (n. f.)
poitrine (n. f.)
présence (n. f.)
promenade (n. f.)
royaume (n. m.)

_____

Semaine 3

afin de (prép.)
à peu près (adv.)
à travers (prép.)
au lieu de (prép.)
au milieu de (prép.)
au moins (adv.)
auprès de (prép.)
autant (adv.)
cependant (adv.)
créer (v.)
de bonne heure (adv.)
durant (prép.)
instant (n. m.)
lors de (prép.)
pourtant (adv.)
ruban (n. m.)
sang (n. m.)

_____

_____

🐾 Mes tableaux de conjugaison

AVOIR

	Présent	Imparfait	Futur simple	Conditionnel présent
1re p. s.	j' ai	j' avais	j' aurai	j' aurais
2e p. s.	tu as	tu avais	tu auras	tu aurais
3e p. s.	il/elle/on a	il/elle/on avait	il/elle/on aura	il/elle/on aurait
1re p. pl.	nous avons	nous avions	nous aurons	nous aurions
2e p. pl.	vous avez	vous aviez	vous aurez	vous auriez
3e p. pl.	ils/elles ont	ils/elles avaient	ils/elles auront	ils/elles auraient

ÊTRE

	Présent	Imparfait	Futur simple	Conditionnel présent
1re p. s.	je suis	j' étais	je serai	je serais
2e p. s.	tu es	tu étais	tu seras	tu serais
3e p. s.	il/elle/on est	il/elle/on était	il/elle/on sera	il/elle/on serait
1re p. pl.	nous sommes	nous étions	nous serons	nous serions
2e p. pl.	vous êtes	vous étiez	vous serez	vous seriez
3e p. pl.	ils/elles sont	ils/elles étaient	ils/elles seront	ils/elles seraient

ALLER

	Présent	Imparfait	Futur simple	Conditionnel présent
1re p. s.	je vais	j' allais	j' irai	j' irais
2e p. s.	tu vas	tu allais	tu iras	tu irais
3e p. s.	il/elle/on va	il/elle/on allait	il/elle/on ira	il/elle/on irait
1re p. pl.	nous allons	nous allions	nous irons	nous irions
2e p. pl.	vous allez	vous alliez	vous irez	vous iriez
3e p. pl.	ils/elles vont	ils/elles allaient	ils/elles iront	ils/elles iraient